INHALT

> SZENE
S. 12–15: Trends, Entdeckungen, Hotspots! Was wann wo in Brüssel los ist, verrät der MARCO POLO Szeneautor vor Ort

> 24 STUNDEN
S. 94/95: Action pur und einmalige Erlebnisse in 24 Stunden! MARCO POLO hat für Sie einen außergewöhnlichen Tag in Brüssel zusammengestellt

> LOW BUDGET
Viel erleben für wenig Geld! Wo Sie zu kleinen Preisen etwas Besonderes genießen und tolle Schnäppchen machen können:

Kostenlose Kunst an vielen Metrostationen S. 34 | Preiswert lunchen im Sternerestaurant S. 59 | Exklusive Markenmode zu Minipreisen S. 69 | Eintrittskarten zum halben Preis S. 76 | Günstig bei Privatpersonen übernachten S. 85

> GUT ZU WISSEN
Wiege des Jugendstils S. 30 | Richtig fit! S. 37 | Blogs & Podcasts S. 38 | Bücher & Filme S. 49 | Entspannen & Genießen S. 51 | Gourmettempel S. 56 | Brüsseler Spezialitäten S. 60 | Fußball in Brüssel S. 75 | Luxushotels S. 82

AUF DEM TITEL
Die Cafés am Grand' Place S. 26
Jardin Botanique bei Nacht S. 31

- **STADTSPAZIERGÄNGE** 88
- **24 STUNDEN IN BRÜSSEL** 94
- **AUSFLÜGE & TOUREN** 96

- **PRAKTISCHE HINWEISE** 102
- **SPRACHFÜHRER** 108

- **CITYATLAS BRÜSSEL MIT STRASSENREGISTER** 116
- **KARTENLEGENDE CITYATLAS** 134

- **REGISTER** 136
- **IMPRESSUM** 137
- **UNSER INSIDER** 139

- **BLOSS NICHT!** 140

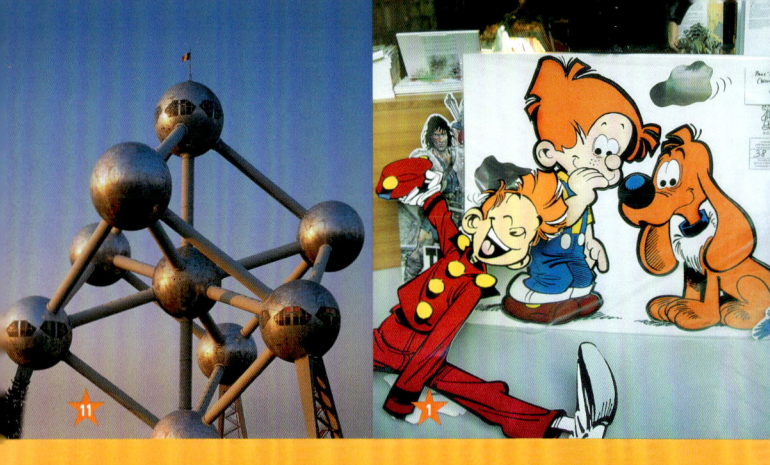

ENTDECKEN SIE BRÜSSEL!

Unsere Top 15 führen Sie an die traumhaftesten Orte und zu den spannendsten Sehenswürdigkeiten

Die Highlights sind in der Karte auf dem hinteren Umschlag eingetragen

⭐ Centre Belge de la Bande Dessinée
Alle Comic-Klassiker, versammelt in einem prächtigen Jugendstilkaufhaus (Seite 24)

⭐ Grand' Place
Zeugen vom Reichtum Brüssels: das prunkvolle Rathaus und die üppigen Zunfthäuser (Seite 26)

⭐ Manneken Pis
Der Knabe symbolisiert die *zwanzé*, den typisch Brüsseler Witz (Seite 28)

⭐ Cathédrale Saint-Michel
Die prachtvoll restaurierte Kathedrale spiegelt europäische Geschichte wider (Seite 30)

⭐ Musées Royaux des Beaux-Arts de Belgique
Belgiens größtes Museum lockt mit Memling, Bruegel, Rubens, Ensor und einer Bilderflut Magrittes (Seite 34)

⭐ Palais de Justice
Brüsseler Grandeur demonstriert dieser grandiose Kuppelbau (Seite 36)

⭐ Place du Sablon
Hier sonnt sich die *beau monde* vor den Auslagen der feinsten Antiquitätengeschäfte (Seite 38)

⭐ Berlaymont
Die Schaltzentrale der EU ist transparent, umweltfreundlich und voller Hightech (Seite 40)

> DIE BESTEN MARCO POLO HIGHLIGHTS

⭐ Musées Royaux d'Art et d'Histoire
In 140 Sälen werden Meisterwerke aus der Antike bis in die Moderne präsentiert: von römischen Mosaiken und Renaissancemöbeln bis hin zu Jugendstilsilber und Art déco (Seite 42)

⭐ Musée Horta
Mit dem eigenen Wohnhaus erreichte Victor Horta, der Schöpfer des Jugendstils, den Zenit seines Könnens (Seite 46)

⭐ Atomium
Futuristisches Kugelgebilde: ein glänzendes Wahrzeichen der modernen Welt und *das* Wahrzeichen von Brüssel (Seite 47)

⭐ Musée Royal de l'Afrique Centrale
Die schönsten Masken und Plastiken Afrikas präsentiert das Schlossmuseum Leopolds II. (Seite 51)

⭐ Théâtre Royal de la Monnaie
Die über 300-jährige Oper bietet für Augen und Ohren höchsten Genuss (Seite 77)

⭐ Rue Antoine Dansaert
Sehen und Gesehenwerden lautet das Motto auf dieser schicken Modemeile (Seite 89)

⭐ Schatz von Hugo von Oignies
Einer der schönsten Goldschätze Belgiens verbirgt sich hinter schlichten Backsteinmauern in Namur (Seite 100)

AUFTAKT

> Prächtige Kirchen, Königsschlösser, das prunkvolle Rathaus, Palais aus dem 18. Jh., reich verzierte Jugendstilhäuser, das funkelnde Atomium und glitzernde EU-Repräsentationsbauten – Brüssel bedeutet Abwechslung und Vielfalt. Das beweisen besonders die *quartiers,* in die sich die ausgedehnte, grüne Stadt unterteilt. Ob elegant oder studentisch, trendig oder volkstümlich, kosmopolitisch oder bohemehaft oder von allem etwas: Jedes Viertel führt ein ausgeprägtes Eigenleben. Das lässt sich am besten beim Flanieren oder in den Cafés und Restaurants beobachten, die es in der Gourmethochburg Brüssel besonders zahlreich gibt.

> Brüssel: Täglich werden aus der Hauptstadt neue Nachrichten von EU und Nato gesendet. Den Hintergrund bilden Gebäude im Allerweltsstil, die zu der dürren Sprache der Bürokraten und Militärs passen. Doch das Brüssel der Diplomaten und Verbandsvertreter, Journalisten und Lobbyisten ist nur eine Facette von vielen und im Brüsseler Alltag recht unwichtig. Gewiss gehen die *immigrés de luxe*, wie die Brüsseler sie mit ihrer *zwanzé*, der typischen Ironie, nennen, in die Oper und in Museen, leben zahlreiche Luxusboutiquen und Gourmetrestaurants von ihnen. Aber viele wohnen abgesondert in den Villenvororten. Dort liegen ihre Schulen, Kirchen und Klubs.

> *Gelassenheit bestimmt den Alltag*

Dabei ist Brüssel eigentlich mehr als cool: bunt und quirlig, voller Brüche und Widersprüche, aberwitzig und hintergründig, chaotisch und surrealistisch – eine Metropole des 21. Jhs. eben. Hier nimmt die postmoderne Zukunft Gestalt an, unbekümmert eklektisch, komplexlos multikulturell, voll abenteuerlicher Mischungen und von explosiver Kreativität.

Doch zunächst verwirrt Brüssel. Belgiens Hauptstadt ist offiziell zweisprachig. Zwar spricht die große Mehrheit Französisch, aber, so ein Bonmot, nur zwischen 18 und 8 Uhr. Tagsüber pendeln 200 000 Flamen zur Arbeit in die Stadt. Dann erklingt viel Niederländisch. Unüberhörbar sind aber auch Arabisch und Türkisch, Kongolesisch und Polnisch, das weiche Spanisch der Lateinamerikaner oder die raueren Stimmen der Galizier, Japanisch und ein Englisch, das nicht von Oxford geprägt ist. Über 30 Prozent der Gesamtbevölkerung von knapp einer Million Menschen sind Zuwanderer, oft illegal, weitere 20 Prozent sind „Neue Belgier" genannte Immigrantenkinder

Postmodernes Flair im Europaviertel: Helmut Jahn konzipierte das Charlemagne

AUFTAKT

mit belgischem Pass. Zusammen mit den *immigrés de luxe* aus EU- und Nato-Kreisen ergibt das ein wahres Völkergemisch.

Nicht weniger babylonisch sieht die Stadt aus. Stile prallen aufeinander. Ständig wird abgerissen, renoviert, neu gebaut – doch das bitte nicht einheitlich. Der Brüsseler Individualismus verlangt, dass man sich vom

> **> Alle Wege führen zur Grand' Place**

Nachbarn unterscheidet. Daher steht neu neben alt, hoch neben niedrig und schön neben schäbig.

Verwirrung stiftet auch die Teilung in Ober- und Unterstadt. Jede Hälfte hat ihr Zentrum und überdies *quartiers,* Stadtteile mit jeweils eigener Atmosphäre, eigenem Mikrokosmos. Die Oberstadt ist pariserisch, großbürgerlich mit exotischen Einsprengseln wie dem kongolesischen Matongé-Viertel. Die volkstümlichere Unterstadt erstreckt sich diesseits und jenseits des Kanals. An dieser stillen Demarkationslinie leben viele Zuwanderer. Auf dem Wasser schaukeln die Yachten der *beau monde.* Früher lag die Nahtstelle höher, am Rand des schroffen Hügels. Oben residierte der Hochadel. Der prunkvolle Hof, erst der Herzöge von Brabant, dann der Herzöge von Burgund, schließlich der Hof von Kaiser Karl V. und seinen habsburgischen Nachfahren, zog sie an. Und unten prahlten die bürgerlichen Patrizier und Handwerker.

Brassage heißt diese Mischung der Gegensätze heute. Nicht umsonst stammt der Begriff aus dem Brauereiwesen. Denn beim Trinken erkennt man die echten Brüsseler. Bloß kein Pils! Brüsseler schätzen neben dem einheimischen *gueuze,* das sie wie Champagner schlürfen, die starken Abteibiere. Ein beliebter Aperitif ist auch *half-en-half,* eine Mischung von Schaumwein und Weißwein – beides mögen Brüsseler pur nicht so gern. Sie ziehen Champagner vor sowie Burgunder, von Brouilly bis Saint-Amour: Vorlieben aus der Römerzeit mit ihren Handelsrouten.

Alle Wege führen zur Grand' Place, und das ist wörtlich zu nehmen. Im Innenhof des Rathauses prangt ein Stern. Von hier aus werden die Entfernungen bis zur Landesgrenze gemessen. Die herrliche Grand' Place mit Rathaus und prächtigen Zunfthäusern zeugt von Macht und Reich-

tum der Stadt und ihrer Bürger. Mit Luxusgütern wie golddurchwirkten Tapisserien oder feinsten Spitzen scheffelten sie einst Geld. Enorm selbstbewusst trotzten sie schon früh den Landesherren weitgehende Freiheitsrechte ab. Doch auch hier finden sich Brüsseler Brüche: Ein paar Straßen hinter dem „schönsten Theater der Welt" (so der französische Autor

> In Brüssel erfunden: der Jugendstil

Jean Cocteau) warten Spielhöllen, Peepshows und Sexbars auf Kunden.

Am Anfang und Ende der Grands Boulevards im Pariser Haussmann-Stil prangt die „Bruxellisation". So nennen Stadtplaner und Soziologen weltweit den Kahlschlag ganzer Stadtteile durch hemmungslose Immobilienspekulanten und korrupte Politiker. Im Quartier Nord entstand ein kleines Manhattan. Um den Südbahnhof, Haltestelle von TGV, Thalys und Eurostar, türmt sich ein neues Business-Mekka.

Märkte, vom Antiquitäten- und Flohmarkt bis zu bunten Viktualien- und Biomärkten, verführen viele Brüsseler am Wochenende zum *chiner*. Sie flanieren, schauen, betasten, kosten und trinken am Rande ihren *apéro*, kaufen himmlische Törtchen für Mutters Teestunde oder den eigenen Nachtisch. Beim Schlendern offenbaren sich auch die Schätze der Stadt. Zu ihnen zählen die zahlreichen Jugendstilbauten. Nicht nur Patrizierpalais, auch Schulen und Hallenbäder, Lager und Geschäfte. Der Jugendstil wurde in Brüssel erfunden. Er entsprach dem Temperament der Stadt, in der Freimaurer und Liberale, freigeistige Juden und revolutionäre Exilanten eine Symbiose bildeten. Zur Offenheit kam der Reichtum aus den wallonischen Industriebecken und Brüssels Banken hinzu. Ebenfalls typisch Brüssel: Hinter vielen prächtigen Fassaden wurden während der deutschen Besatzung 1940–44 zahllose Juden, politische Flüchtlinge und Widerständler versteckt und gerettet.

Dem Kongo verdankt die Hauptstadt Grandeur und Grün. König Leopold II., der das Reich am Äquator erwarb, steckte die Gewinne in den Triumphbogen im Parc du Cinquantenaire oder das schlossähnliche Afrika-Museum in Tervuren, in prächtige Alleen und weitläufige Parks, in denen Bürger wie Arbeiter sich entspannen sollten. Heute braust über die Avenuen der Großstadtverkehr, locken die Parks die Au-pair-Mädchen der Oberschicht und marokkanische Matronen mit ihrer Kinderschar, Jogger und Fußballspieler.

> Kreative Theater- und Musikszene

So richtig zu funkeln beginnt Brüssel beim Einbruch der Dunkelheit. Dann füllen sich die Gaststätten und die Restaurants, die jedem Geschmack etwas bieten, von urig bis *huppé* („in"), zwischen Exotik und Jeune Cuisine. Doch die echte, explosive Kreativität entfaltet sich in Theatern

> *www.marcopolo.de/bruessel*

AUFTAKT

und Jazzschuppen, „Caf' Conc'" und Diskos, umfunktionierten Markthallen oder Zuckerfabriken – und sogar in der renommierten, 300-jährigen Oper La Monnaie und dem weltberühmten, großen Art-déco-Konzertsaal im Palais des Beaux-Arts. Das Völkergemisch brachte neue Tanzformen und poetischen Zirkus, Fusionen von marokkanischer Folklore und Techno, modernem Jazz und südindischen Klängen sowie eine Mischung von ruandischen Rhythmen mit denen der Antillen, irische Songs und galizische Stimmen. Und all das, was von offiziellen bis improvisierten Bühnen auf die Straße schwappt, regt ein Heer von Modeschöpfern, Filmemachern, Installationskünstlern, Malern, Schriftstellern, Fotografen, Designern und Werbeleuten an, lockt die Boheme, die Studenten, die Jugendlichen. Diese Szene zieht wiederum Bewohner an, junge Flamen und Wallonen, Deutsche oder Iren, die nichts mit EU und Nato zu tun haben. Brüssel ist nicht mehr die Stadt, aus der man flieht, sondern in die man zieht. Auch Besucher können dieses kosmopolitische Flair erleben – wenn sie sich brüsselerisch geben: *convivial*, das heißt etwas phlegmatisch, mit leicht ironischer Distanz, aber im Grunde genommen unendlich offen, höchst menschlich, grenzenlos neugierig. Ein bisschen Muße, ein Schuss Initiative, viel Abenteuerlust, *et voilà* die Metropole mit den faszinierendsten Gesichtern. „Bienvenu! Welkom!"

Beliebter Treffpunkt zum Sonnen und Plaudern: die große Freitreppe vor der Börse

▶▶ TREND GUIDE BRÜSSEL

Die heißesten Entdeckungen und Hotspots! Unser Szene-Scout zeigt Ihnen, was angesagt ist

Patricia Baars
Als Pressesprecherin für den europäischen Hochgeschwindigkeitszug *Thalys* ist sie viel in den europäischen Metropolen unterwegs. Doch Brüssel machte die gebürtige Niederländerin zu ihrer Wahlheimat. Warum? Weil man hier neue Trends erlebt, wenn sie entstehen. Am liebsten shoppt sie in den Boutiquen aufstrebender Designer im Dansaert-Viertel oder zieht durch die stylishen Locations der Hauptstadt.

▶▶ KONTRAST IST ALLES

Stylish in Schwarz-Weiß

Immer mehr Brüsseler Locations kommen im schwarz-weißen Gewand daher. Der belgische Designer *Tasso* ist für das stylishe Dekor des gleichnamigen Restaurants verantwortlich: Eine riesige schwarze Bar und schwarze Wände bilden den Gegensatz zu den mit weißem Leder verkleideten Säulen und den Tischdecken – genau das richtige Ambiente für Sushi, Vitello tonnato & Co. *(Avenue du Port 86c, www.tassobxl.be,* Foto*)*! Im *Pasta-Basta* kontrastieren die schwarzen Lederbänke, Tischdecken und Lampenschirme mit weißen Servietten, Wänden und Kunstwerken. Zu chilligen Lounge-Sounds lässt man sich Pasta von der ständig wechselnden Karte schmecken, freitags und samstags legt ein DJ auf *(Rue de la Grande Ile 34)*. *The Progress* ist ein Deluxe-Boutique-Hotel, minimalistisch designed in Weiß, Schwarz und Holz *(Rue du Progrès 9, www.progresshotel.be)*.

SZENE

▶▶ HOT NIGHTLIFE

Erfolgsrezept Partyreihen

Keine Macht dem Stillstand: Brüssels Nachtleben brodelt, und die Szene lässt sich immer neue Events einfallen. Die lässige Art-déco-Bar L'Archiduc auf der hippen Rue Antoine Dansaert ist genau richtig für Martini-Lovers und bekannt für ihre Jazzsessions und Happenings wie *Jazz After Shopping* an Samstagen *(Rue Antoine Dansaert 6, www.archiduc.net)*. Jeden 1. Samstag im Monat steigen die *Soirées Bulex* in wechselnden Locations. Dabei trifft Party auf Kunst, denn im Fokus stehen neben der Musik auch Projektionen und Ausstellungen *(www.bulexasbl.be, Tel. 025 34 23 92)*. Richtig heiß geht es samstags im *Mirano* zu: Unter dem Motto *Dirty Dancing* tanzt man zu heißen Elektro-House-Beats *(www.dirtydancing.be)*.

▶▶ SHOP TILL YOU DROP

Schrill und schräg

Das Saint-Jacques-Viertel und die Rue Dansaert avancieren zum Hotspot für alle Shopping-Fans. Hier finden sich die außergewöhnlichsten und schrägsten Stores. Die Top-Adressen: Bernard Gavilans extravaganter Szeneladen verkauft schrille Klamotten und Homedesign. Cool: Die Vorhänge der Umkleidekabinen sind aus Jeanshosen genäht *(Rue des Pierres 27, www.bernardgavilan.com)*. Bei Idiz Bogam hängt Edel-Vintage von *Dior*, *Yves Saint Laurent* & Co. zwischen bunten Wänden *(Rue Antoine Dansaert 76)*, *Chanel*- oder *Courèges*-Kreationen aus vergangenen Tagen shoppt man im *Roman & Valy (Rue des Teinturiers 19)*. Ebenfalls hot: Retrosachen bei Sussies *(Rue du Lombard 74, www.sussies.eu)*.

▶▶ COOL ART

Ausgeflippt und kreativ

Ausgefallene Kunstprojekte sind in. Das *Plasticarium* feiert die bunten Dinge. Die schrille Privatsammlung von Philippe Decelle ist eine Utopie in Plastik und voller Sammler- und Designerstücke aus Kunststoff: Möbel, Elektrogeräte, Kunstwerke usw. in allen erdenklichen Farben feiern die Pop Culture (*Rue de Locquenghien 35, Tel. 023 44 98 21*). Die  *Gallery Gabrichidze* ist Ausstellungsraum und Plattform für Kommunikation und Diskussion zugleich: Kontroverse Ideen und Meinungen werden hier durch Kunst ausgedrückt. Auch Open Mike Nights und Public-Art-Projekte wie Wandgemälde sind Aushängeschilder der Galerie (*Rue Pletinckx 56, www.gallery-gabrichidze.com,* Foto).

▶▶ JUNGE TALENTE

Die Nachwuchsdesigner kommen

Eine neue Generation von Designern bringt frischen Wind in die Szene. Zu den jungen Stars am Modehimmel gehört Louise Assomo, die superschicke, aber tragbare Fashion für die moderne Frau kreiert (*Rue des Chartreux 64, www.louiseassomo.com,* Foto). Das Designerteam Aude De Wolf und Vanessa Vukicevic von *Shampoo & Conditioner* steht für Killer-Dresses mit Stilettos (*Rue des Chartreux 18*). Ihr cooler Store in Schwarz-Pink ist gleichzeitig ihr Workshop. *Mademoiselle Jean* lässt sich bei ihren modernen Kreationen von alten Fotos inspirieren. Verspielte Details wie zarte Schleifen und Bändchen sind ein wichtiger Bestandteil ihrer romantisch-ausgefallenen Stücke (*Rue Antoine Dansaert 100, www.mademoisellejean.com*). Seit 2006 veranstaltet *Design September* einen Monat der offenen Tür mit Open Studio Events und Ausstellungen (*www.designseptember.be*). Shopping-Tipp: Ausgefallene Homedeko, Accessoires, Musik und coole Gadgets von jungen und unabhängigen Designern gibt's bei *GimmiK* (*Chaussée d'Ixelles 12*).

SZENE

TRENDSPORT FRISBEE GOLF

Fun für Luftakrobaten

Frisbee Golf ist der neue Trendsport aus Kalifornien: Gespielt wird auf einem Parcours mit 9 bis 18 Metallkörben anstelle von Löchern. Ziel ist, die Frisbee-Scheibe mit so wenig Würfen wie möglich in die Metallkörbe zu befördern. Spaß pur! Hier geht es rund: im *Parc Bourdon* im nahen Braine-l'Alleud *(Eingang Rue Légère Eau)*. Infos bei *www.altern-actif.com* (Foto) und *www.pdga-europe.com*.

ANTOINE PINTO ALL OVER

Ein Innenarchitekt für Brüssel

Einst Koch, heute Interiordesigner: Antoine Pinto hat in Brüssel seine Spuren hinterlassen *(www.pintoandco.be)*. Der Sohn portugiesischer Eltern kam mit 17 nach Belgien und hat es zum Stararchitekt geschafft. Seine Spezialität: individuelle und stylishe Konzepte für Hotels, Restaurants und Cafés. Zu seinen Werken gehört Brüssels Celeb-Hotspot *La Quincaillerie* (Rue du Page 45, *www.quincaillerie.be*) und *Mundo Pain*, eine Bäckerei und Teesalon mit schwarzen Marmortischen und stilisierten weißen Statuen, die in die blauen Wände eingesetzt sind *(Rue Jean Stas 20, www.mundopain.be)*. Das *MuseumCafé* ist futuristisch, originell und elegant: Die eigens kreierten Polsterstühle in den Farben Petrolblau, Aubergine und Orange stehen im Gegensatz zum weißen Fußboden und den UFO-Lichtinstallationen an der Decke *(Rue de la Regence 3, www.museumfood.be, Foto)*.

KUNSTGENUSS

Geschmacklich ganz oben

Avantgarde Cuisine erobert die Stadt. Die Gerichte sind so stylish angerichtet, dass sie zum Aufessen fast zu schade sind! Küchenchef Thomas Grignard serviert im *La Librairie* ästhetische Kreationen zwischen Bücherregalen. Toll: Genauso innovativ und kreativ wie die Speisen ist die Location, die sich mitten in einem Bookshop befindet *(Rue des Tanneurs 60, www.hallesdestanneurs.be)*. Auch im Art-déco-Ambiente des *Le Variétés* (Place Sainte Croix 4, *www.levarietes.be*) und im *Lola* wird mit Food und Style experimentiert *(Place du Grand Sablon 33, www.restolola.be)*.

Bild: Europäisches Parlament

> VON ARCHITEKTUR BIS STADTSUCHT

Mit Flair und Laisser-faire ändert Brüssel immer wieder sein Gesicht

ARCHITEKTUR

Heutzutage plant Brüssel etwas sorgfältiger. Einige Bürotürme wurden bzw. werden um viele Etagen geköpft, andere attraktiv verschönert. Verkehrsadern und Plätze werden gastlich und menschlich. Nach der Postmoderne mit Bögen, Säulen, Skulpturen und Farbe verwendet der jüngste Trend Glas, Stahl, Holz und Stein. Brüsseler Architekten wie Pierre Lallemand (u. a. Renovierung des Berlaymont der EU-Kommission) und Philippe Samyn (u. a. Aula der Medizinischen Fakultät der Freien Universität) tragen entscheidend zu diesem „Neuen Bauen" bei.

BOBOS

Die Yuppies sind out. Ihr hemmungslos zur Schau gestellter Konsum passt nicht mehr zum Zeitgeist. Die

STICH WORTE

Bobos – Bourgeois-bohémiens, bürgerliche Bohemiens, besitzen ebenso viele Diplome und Ideen, verdienen ebenso gut wie die Yuppies. Aber sie geben sich diskreter. Keine aufgemotzten Luxusautos, auffallende Markenkleidung und *home cinemas* in sündhaft teuren Appartements, sondern hübsch renovierte Häuser in Saint-Gilles oder Ixelles, Möbel und Mode von jungen Brüsseler *stylistes,* Lebensmittel von Biomärkten, Teilnahme am hochkarätigen und schrägen Kulturleben, Bildungsreisen – durch und durch *classe.*

CHANSONS

Brüssel ist eine Hochburg des Chansons, auch wenn das nicht allzu bekannt ist. Der berühmte Chansonsänger Jacques Brel (1929–78) war ein waschechtes *ketje* (wie die Brüsseler ihre vorlauten kids nennen). Die letzten Jahre seines Lebens verbrachte er auf Tahiti, doch er behielt bis zu seinem Tod den ersten Wohnsitz in seiner Heimatstadt. Bekannt ist sein Hit *Bruxelles*, in dem er eine Stadt besingt, die zerstört worden ist. In *Jef* beschreibt er ein anderes *ketje*, in *Madeleine* kommen die leckeren Fritten zur Sprache. *Les bonbons* verherrlicht Grand' Place und Pralinen. Zeitgleich mit Brel und in denselben Brüsseler Clubs debütierte auch Barbara. Die Französin war eine enge Freundin von Brel. Einige Schlüsselerlebnisse aus den schwierigen Anfangsjahren hat Barbara in *Je suis une petite sœur d'amour, Hop-là* oder *Monsieur Victor* festgehalten. Das bekannte Chanson *Göttingen* schrieb sie für die Soldaten in der dortigen belgischen Kaserne.

Heutzutage inspiriert die kosmopolitische Mischung von Brüssel Chansonniers wie die Belgier Arno, Maurane und Marie Warnant. Von Letzterer stammt ein neuer *Bruxelles*-Hit. Diese quirlige Metropole verherrlicht auch Bénabar in *Bruxelles* – einer von vielen Franzosen, die in der belgischen Hauptstadt mit ihren zahlreichen, exzellenten Aufnahmestudios heimisch geworden sind. Ganz heiße Tipps: Marie Daulne und ihre *girls* von Zap Mama und Baloji, Kongo-Belgier, die dem Brüsseler Viertel Matonge ein Denkmal setzen.

DEMOS

Belgier und Brüsseler insbesondere sind geborene *rouspeteurs*, Meckerer und Stänkerer. Kein Wunder, dass sie gerne diskutieren und demonstrieren. Kaum eine Woche vergeht ohne Protestmarsch. Tierschützer und Weltverbesserer, Piloten und Polizisten tragen ihre Anliegen mit Spanntüchern und Megafonen auf Boulevards und Sit-ins vor. Nur vor Parlament und Palast des Königs dürfen sie sich nicht versammeln. Noch mehr Farbe und Getöse beschert die EU. Vor Kommission und Ministerrat protestieren immer wieder Gruppen von Lappland bis Gibraltar für oder gegen einen anstehenden Beschluss. Heikel wird's, wenn die Bauern kommen, denn sie geben sich selten zimperlich. Und bei den regelmäßigen EU-Gipfeltreffen verwandelt sich das Europaviertel der Hauptstadt in eine Festung.

Fassadenmalerei an der Place Saint-Géry

STICHWORTE

MODE

Antwerpener Mode kennt inzwischen jedes *fashion victim*. Höchste Zeit für Neues – Brüsseler Mode. Die Infrastruktur funktioniert dank der Modeabteilungen an den Hochschulen für Gestaltung La Cambre und Saint-Luc und vor allem dank der PR durch die Modenschau *Modo bruxellae* und deren Preise. Schon erobern Brüsseler Stars die Welt: Olivier Theyskens ist Chef des Pariser Hauses Nina Ricci. José Enrique Oña Selfa entwirft die Haute Couture von Loewe, Jean-Paul Knott gibt nicht nur im eigenen Brüsseler Haus, sondern auch bei Cerruti den Ton an. Laetitia Crahay leitet die Accessoireabteilung von Chanel. Xavier Delcour ist der Darling von Pop und Rock, von Mick Jagger bis Placebo. Daniele Controversio stylt bei den Kultmarken Diesel, La Maison Margiela und Vivienne Westwood. Cathy Pill und Gérald Wathelet haben mit eigenen Haute-Couture-Häusern in Paris Erfolg, während Christophe Coppens mit seinen avantgardistischen Accessoires weltweit vertreten ist. Jede Saison wird ein neues Talent entdeckt: Matthieu Blazy und die Designerduos Girls from Omsk, L&A Mäthger, Own sowie Sandrina Fasoli sind derzeit top und hot.

Brüsseler Mode: Beste Adresse für Trendboutiquen ist die Rue Antoine Dansaert

STADTSUCHT

Wie alle Großstädte litt Brüssel unter der Stadtflucht der besser situierten Familien ins Grüne. Seit Mitte der 1990er-Jahre nimmt die Zahl der Einwohner jedoch wieder zu. Hoch qualifizierte, gut verdienende junge Leute, selbst mit Kindern, weisen gar Symptome einer regelrechten Stadtsucht auf. Lautlos verdrängen sie in Bezirken mit dem Charme der Belle Époque sozial schwächere Gruppen. Lofts in alten Fabriken und Lagerhallen, am liebsten am Kanal, den sie mit Seine oder Themse vergleichen, finden reißenden Absatz. Der letzte Schrei sind Appartements in Hochhäusern, je höher, desto besser. Von unten nicht schön, aber mit herrlicher Aussicht! Noch ein Trend: Pariser Betuchte pendeln mit dem Schnellzug Thalys in eineinviertel Stunden zwischen der Brüsseler Gare du Midi und der Pariser Gare du Nord.

EINE STADT IN FEIERLAUNE
Festivals, Messen, Umzüge: Brüssel gibt sich bunt und offen

> Typisch für den liberalen Geist der Stadt ist, dass religiöse Feierlichkeiten Kirchensache sind. Brüssel amüsiert sich weltlich, mal volksnah, mal elegant.

FEIERTAGE

1. Jan. *(Neujahr);* **Ostermontag;**
1. Mai *(Tag der Arbeit);* **Himmelfahrtstag; Pfingstmontag; 21. Juli** *(Belgischer Nationalfeiertag);* **15. Aug.** *(Mariä Himmelfahrt);* **1. Nov.** *(Allerheiligen);* **11. Nov.** *(Waffenstillstand 1918);*
1. und 2. Weihnachtstag.

VERANSTALTUNGEN

Januar
Antiquitätenmesse der Königlichen Kammer. Spitzenqualität. Tour et Taxis

Februar
Foire internationale du Livre. Buchmesse mit vielen Lesungen, Tour et Taxis

März
Art Brussels. Messe für zeitgenössische Kunst, Heysel

Eurantica. Populäre Antiquitätenmesse, Heysel

April
Printemps baroque du Sablon. Feines Barockmusik-Festival in den alten Kirchen am alten Antiquitätenplatz

Mai
KunstenFESTIVALdes Arts. Internationale Theater- und Tanz-Avantgarde, Beursschouwburg
★ *Bruneaf.* Tage der offenen Tür bei 50 Galerien für außereuropäische Kunst, Place du Grand Sablon
Les Nuits Botanique. Internationales Chanson- und Popfestival. Kulturzentrum Le Botanique
Internationaler Musikwettbewerb Königin Elisabeth. Spitzenniveau! Königliches Musikkonservatorium/Palais des Beaux-Arts
Jazz-Marathon. Drei Tage und Nächte Jazzkonzerte auf Plätzen und in Nachtcafés. ==Günstiger Pass für alle Spielstätten.==

Aktuelle Events weltweit auf www.marcopolo.de/events

> EVENTS
FESTE & MEHR

Juni
Couleur-Café. Festival der Weltmusik. Letztes Wochenende, Tour et Taxis

Juli
⭐ *Ommegang.* Farbenprächtiger Umzug und alte Spiele auf der Grand' Place. Monatsanfang
Cinédécouvertes. Alte und neue Filmklassiker, Cinemathek
Midi-Minimes. Bis Ende Aug. jeden Mittag Konzerte in der barocken Eglise des Minimes
21. Juli (Nationalfeiertag). Volksfest und Feuerwerk um den Palais du Roi

August
Blumenteppich (alle geraden Jahre). Grand' Place
Festival Bellone-Brigittines. Avantgardetanz und -musik in der Eglise des Brigittines
Fiesta latina. Heiße Rhythmen um die Place du Châtelain
Memorial Ivo van Damme. Leichtathletiktreffen im Stade Roi Baudouin

September
Europalia. Europäisches Kulturfestival von je einem Land (2009 China), Palais des Beaux-Arts
Journées du Patrimoine. Am dritten Wochenende werden etwa 100 Baudenkmäler (zum Teil einmalig) der Öffentlichkeit zugänglich gemacht

Insider Tipp

Oktober
Modo bruxellae. Kreationen junger Modeschöpfer aus Brüssel werden an wechselnden Orten präsentiert.
Internationales Orgel-Festival. In der Kathedrale

November
Les Nocturnes du Sablon. Tage der offenen Tür bei Antiquitätenhändlern an der Place du Grand Sablon

Dezember
Plaisirs d'hiver. Winterlicher Markt mit zahlreichen Spezialitätenständen, zwischen der Grand' Place und Fischmarkt

> 1000 JAHRE GESCHICHTE, 1000 FACETTEN

Jugendstil und Mittelalter, enge Gassen und angesagte Plätze, Bruegel, Magritte und Comics

> **Die Gegensätze, die Brüssel so lebendig machen, finden sich auch im Stadtbild wider und in den vielen Museen, die vor Kostbarkeiten überquellen.**

Dort kommen nicht nur Bewunderer von Bosch, Bruegel, Rubens, Van Dyck oder Magritte auf ihre Kosten, sondern auch Fans antiker Schätze und moderner Kunst, Geschichtsinteressierte und selbstverständlich Comicfreunde. Montags allerdings nur eingeschränkt, denn dann sind die meisten Museen geschlossen. Zu verdanken ist diese fast unüberschaubare Ansammlung an Kunstschätzen zum einen dem Reichtum der Stadt, zu dem sie nicht zuletzt wegen ihrer günstigen Lage an der Schnittstelle wichtiger Handelsstraßen kam, zum anderen dem Umstand, dass die Stadtoberen von jeher Kunst und Kultur ein starkes Interesse entgegenbrachten: Angefangen beim Patriziat des späten 10. Jhs. über die

Bild: Place Royale

SEHENS WERTES

Herzöge von Burgund und Kaiser Karl V. bis zu Karl-Alexander von Lothringen, der die besten Künstler an seinem Hof beschäftigte. Im 19. Jh. lockte eine neue, liberale Elite von Großindustriellen und Bankiers die Avantgarde Europas. So entstand hier 1893 der Jugendstil, der nahtlos in Art déco und Surrealismus überging. 1958, im Jahr der ersten Weltausstellung nach dem Zweiten Weltkrieg, ließ sich ganz Europa nieder – die damalige EWG – und löste einen bis heute anhaltenden Bauboom aus.

CENTRE VILLE

> Rund um die prächtige Grand' Place und die breiten Boulevards des Zentrums schlägt das Herz der Stadt. Hier liegen Rathaus, Börse, Oper, viele Theater und Kinos. Um die angesagte Rue Antoine Dansaert leben Modeschöpfer, Filmemacher und junge EU-Be-

CENTRE VILLE

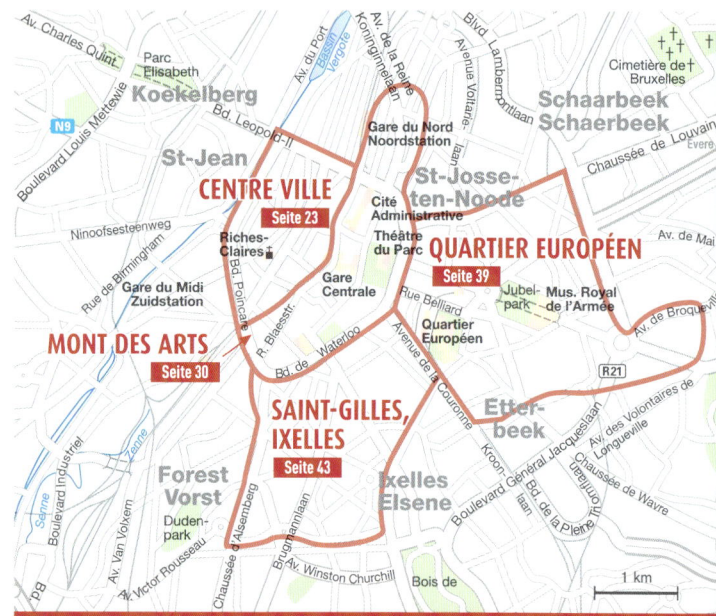

Die Karte zeigt die Einteilung der interessantesten Stadtviertel. Bei jedem Viertel finden Sie eine Detailkarte, in der alle beschriebenen Sehenswürdigkeiten mit einer Nummer verzeichnet sind

amte, in den angrenzenden Straßen Migranten aus aller Herren Länder.

1 BOURSE [123 E3]

Mitte des 19. Jhs. beschlossen die Stadtväter, die Altstadt zu modernisieren. Nach Pariser Vorbild entstanden zwischen Nord- und Südbahnhof Grands Boulevards. Die neue Börse war ein wichtiger Blickfang. Friese und Skulpturen des Prachtbaus symbolisieren Belgien und seine Wirtschaftszweige. Die Gruppen Afrika und Asien an den Ecken der Westseite stammen von Auguste Rodin. Heute schätzen junge Leute die ▶▶ *Freitreppe* zum Sonnen und Plaudern. *Place de la Bourse | Metro: Bourse*

2 CENTRE BELGE DE LA BANDE DESSINÉE ★ [123 F3]

Tim und Struppi, Lucky Luke oder die Schlümpfe: Alle Helden tauchen im Belgischen Comic-Zentrum auf. Die ständige Sammlung schildert chronologisch deren Entwicklung, wechselnde Ausstellungen gehen auf Klassiker und Avantgardisten des Genres ein. Schwierig für Kids: die Sprechblasen auf Französisch und Niederländisch. Den prächtigen Rahmen mit Glasböden schuf der Jugendstilmeister Victor Horta 1903–06 für eine Stoffgroßhandlung. Größte Fachbibliothek der Welt (ca. 40000 Bände), guter Buch- und Souvenirladen, nette Brasserie. *Di–So*

> *www.marcopolo.de/bruessel*

SEHENSWERTES

10–18 Uhr | Eintritt 7,50 Euro | Rue des Sables 20 | www.cbbd.be | Metro: 1A/B: Gare Centrale

3 FONDATION JACQUES BREL [123 E4]
Die Welt des berühmten Chansonniers, der aus Brüssel stammte, hautnah um einen Konzertabend aufgebaut. Riesiges Archiv. *Di–Sa 10.30 bis 18 Uhr | Eintritt 5 Euro | Place de la Vieille | Halle aux Blés 11 | www.jacquesbrel.be | Metro 1A/B: Gare Centrale*

4 GALERIES SAINT-HUBERT [123 E3]
Über das „hässliche Gesicht des Kapitalismus" schimpfte Karl Marx während der Bauarbeiten. Musste doch ein Arbeiterviertel dem Tempel des Konsums und Vergnügens wei-

MARCO POLO HIGHLIGHTS

★ **Grand' Place**
„Das schönste Theater der Welt", Treffpunkt der Stadt (Seite 26)

★ **Château de Laeken**
Kunstvolle Gewächshäuser aus dem 19. Jh. (Seite 48)

★ **Manneken Pis**
Der Knirps ist Liebling der Touristen (Seite 28)

★ **Berlaymont**
Im Glashaus regiert die EU-Kommission (Seite 40)

★ **Parc du Cinquantenaire**
Top-Museen im Schatten des Triumphbogens (Seite 42)

★ **Palais du Roi**
Grandioses Geschenk eines großen Königs an eine große Nation (Seite 37)

★ **Cathédrale Saint-Michel**
Herrlich restauriertes Dekor, nicht nur für belgische Geschichte (Seite 30)

★ **Place du Sablon**
Erlesene Kulisse für einen Jahrmarkt der Eitelkeiten (Seite 38)

★ **Palais de Justice**
Hier wird Justitia verherrlicht (Seite 36)

★ **Atomium**
Wunderwerk belgischer Ingenieure (Seite 47)

★ **Centre Belge de la Bande Dessinée**
Alle Comic-Größen in traumhaftem Jugendstilbau (Seite 24)

★ **Musée Horta**
Meisterliches Privathaus des Jugendstilschöpfers (Seite 46)

★ **Musée des Instruments de Musique**
Von der altägyptischen Harfe zum Synthesizer (Seite 34)

★ **Musée Royal de l'Afrique Centrale**
Hinreißende Masken im belgischen Sanssouci (Seite 51)

★ **Musées Royaux d'Art et d'Histoire**
Kunst und Kultur vom alten Ägypten bis Art déco (Seite 42)

★ **Musées Royaux des Beaux-Arts de Belgique**
Meisterwerke von Bruegel, Rubens, Ensor und Magritte (Seite 34)

CENTRE VILLE

chen. Die herrliche, neoklassizistische Einkaufspassage mit aufwendigem Glasdach beherbergt Luxusläden, Restaurants, Kinos und Theater – und darüber Appartements. Im *Théâtre Royal des Galeries* bemalte René Magritte die Decke. Im und vorm *Mokafé* treffen sich Tänzer, Schauspielerinnen, Sänger und die *beau monde. Rue des Bouchers | Metro 1A/B: Gare Centrale*

5 GRAND' PLACE ★ [123 E4]

Seit alters her pulsiert hier das Leben der Stadt. Einheimische, Zugezogene, Besucher, Hochzeitspaare und Staatsgäste mischen sich auf dem Pflaster des „schönsten Theaters der Welt" (Jean Cocteau). Die Gaststätten mit ihren Terrassen bilden seine Logen. Junge Leute genießen die ▸▸ Treppen zur *Maison du Roi*. Von dort aus offenbart sich die elegante Pracht des Rathauses *(Hôtel de Ville | Di–Mi 14.30–16, So 10–12 Uhr | Eintritt 3 Euro)*. Wie durch ein Wunder überstand dieses Symbol der bürgerlichen Macht als einer der wenigen Bauten die Bombardierung Brüssels durch Ludwig XIV. im Jahr 1695. Der 91 m hohe, von Michael, dem Schutzheiligen der Stadt, gekrönte Turm gliedert die mit Skulpturen übersäte, spätgotische Fassade asymmetrisch. Die zerstörte frühere *Tuchhalle* an der südwestlichen Ecke des Innenhofes wurde 1706 in strengem Barock neu erbaut. Hier schaltet und waltet der Bürgermeister. An der anderen Ecke tagt der Stadtrat in einem fürstlichen Saal. Die selbstbewussten Bürger schmückten ihn, gleich Kaiser und Papst, mit kostbaren Tapisserien und einem Deckengemälde, das Brüssel und Brabant verherrlicht. Zwischen Ratssaal und *Cabinet* des Bürgermeisters liegen verschwenderisch ausstaffierte Empfangs- und Sitzungsräume.

Die Handwerkerzünfte, neben den Patriziern tragende Säulen der Brüsseler Gesellschaft, bauten ihre stattlichen Häuser an der Grand' Place nach 1695 im Rekordtempo wieder auf – und viel schöner als zuvor. Alle tragen besondere Namen. Den Platz dominiert die einheitliche, harmonische Fassade des sogenannten Hauses der Herzöge von Brabant. Die Ecke zur schmalen Rue au Beurre beherrscht der König von Spanien mit seiner schicken Kuppel – einst Sitz

Grand' Place: Hier treffen sich alle

SEHENSWERTES

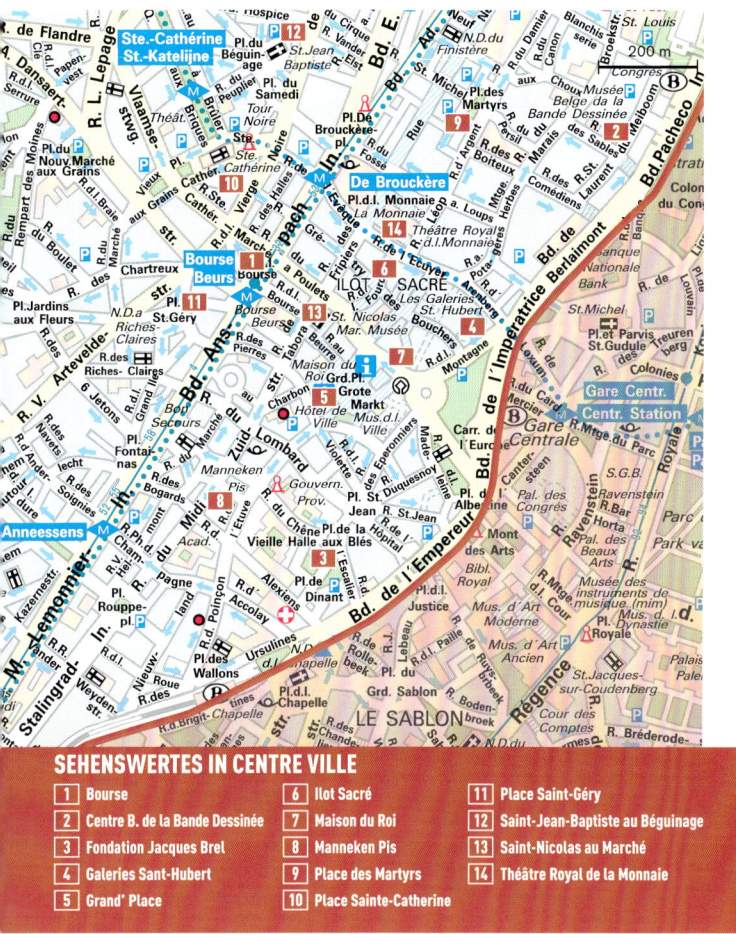

SEHENSWERTES IN CENTRE VILLE

1. Bourse
2. Centre B. de la Bande Dessinée
3. Fondation Jacques Brel
4. Galeries Sant-Hubert
5. Grand' Place
6. Ilot Sacré
7. Maison du Roi
8. Manneken Pis
9. Place des Martyrs
10. Place Sainte-Catherine
11. Place Saint-Géry
12. Saint-Jean-Baptiste au Béguinage
13. Saint-Nicolas au Marché
14. Théâtre Royal de la Monnaie

der Bäckerzunft. Im *L'Arbre d'Or* (Goldenen Baum) laden heute noch die Brauer zum Umtrunk ein *(Nr. 10)*. Im Restaurant *Le Cygne* (Der Schwan) nebenan müssen die begehrten Tische mit Aussicht lange im Voraus reserviert werden. Wer noch auf der Suche nach seiner großen Liebe ist, streichelt über den Bronzearm von Ritter Everard 't Serclaes – angeblich erscheint sie binnen einen Jahres. *Metro: Bourse*

6 ILOT SACRÉ [123 E3]

Die Gässchen und Stege um die Rue des Bouchers und Rue des Domini-

CENTRE VILLE

cains waren noch in den 1950er-Jahren für ihre Varietétheater und Gaststätten mit Livemusik *(Caf'Conc')* bekannt. Jacques Brel, Georges Moustaki und Toots Thielemans debütierten dort. Heute verdrängt in diesem sogenannten heiligen Viertel ein Restaurant mit verlockenden Auslagen das andere. In vielen werden Touristen beschwatzt und abgezockt. Eine solide Adresse: *Aux Armes de Bruxelles (Rue des Bouchers 13)*, wo unter anderen Brüsseler Prominenten Brels Witwe ihren Stammplatz hat. *Metro: De Brouckère*

7 MAISON DU ROI [123 E4]

Das Historische Museum der Stadt beherbergt in prächtigen Räumen zahllose Kostbarkeiten. Im Erdgeschoss sind feinste Brüsseler Luxusgüter wie geschnitzte und bemalte Altäre, Tapisserien, Porzellan und Silber ausgestellt. Der erste Stock führt in die Geschichte der mächtigen Metropole ein. Modelle, Pläne, Gemälde, Stiche und Dokumente illustrieren Brüssels Entwicklungsstadien. Bemerkenswert: die Abbildungen der prächtigen Hofburg, die 1731 abbrannte. *Di–So 10–17 Uhr | Eintritt 3 Euro | Grand' Place | www.brucity.be | Metro: Bourse*

8 MANNEKEN PIS ★ [123 E4]

Um den unbekümmert pinkelnden Knirps ranken sich zahlreiche Legenden. Auf jeden Fall bringt die meisterliche Barockbronze die berühmt-berüchtigte Aufmüpfigkeit und Spottsucht der Brüsseler zum Ausdruck. Genau deshalb wurde Manneken Pis auch schon mehrfach entführt. Bewunderer schenkten ihm dagegen Kostüme. Das *Maison du Roi* stellt die schönsten im obersten Stock aus. *Ecke Rue du Chêne/Rue de l'Etuve | Metro: Bourse*

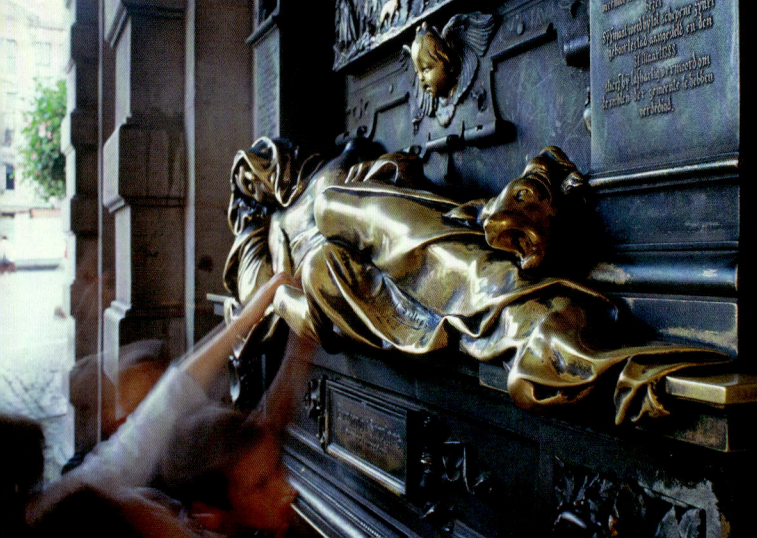

Maison du Roi: Geschichte zum Anfassen im Historischen Museum

SEHENSWERTES

9 PLACE DES MARTYRS [123 F2]

Unter dem Patria-Denkmal ruhen die Gebeine Brüsseler Bürger, die 1830 die holländischen Besatzer verjagten. Etwas weiter setzte Henry van de Velde ihrem Anführer, Louis-Frédéric de Mérode, ein Jugendstildenkmal. Der von klassizistischen Gebäuden gesäumte alte Platz ist ein Martyrium der Denkmalschützer. Haus um Haus müssen sie um den Erhalt kämpfen – zumindest der Fassaden, hinter denen dann seelenlose Zweckräume entstehen. *Metro: De Brouckère*

10 PLACE SAINTE-CATHERINE [123 D–E3]

Ein gemütlicher, farbiger Markt vor der düsteren neogotischen Kirche von Joseph Poelaert. Hier beginnt die Welt der Fischhändler und -restaurants. *Metro 1A/B: Sainte-Catherine*

11 PLACE SAINT-GÉRY ▶▶ [123 D3]

Rasant wechseln die Eigentümer rund um die alte Markthalle. Junge Leute von Film und Fernsehen, Mode und Werbung, Design und Popmusik verdrängen Ur-Brüsseler und Zuwanderer. Der letzte Schrei – hier paradiert er. Blasiert ist das *Mappa Mundo*, radikal schick das *Le Roi des Belges* gegenüber, alternativer angehaucht ist dagegen die *Zebra Bar*. *Metro: Bourse*

12 SAINT-JEAN-BAPTISTE AU BÉGUINAGE [123 E2]

Die Kirche des früheren Beginenhofs gehört zu den schönsten Barockbauten Belgiens mit ihrer prächtig gegliederten Fassade, üppig geschnitzter Kanzel und Beichtstühlen, wertvollen Gemälden. *Place du Béguinage | Metro 1A/B: Sainte-Catherine*

13 SAINT-NICOLAS AU MARCHÉ [123 E3]

Wie Puppenhäuser kleben Geschäfte und Wohnungen an der seltsam

Schnittig: Manneken Pis als Rennfahrer

schiefen Kirche. Saint-Nicolas au Marché ist ein schönes Beispiel für das alte Brüssel, in dem Grund und Boden auch schon teuer waren. Und die Kirche lag mitten im geschäftigsten Viertel. Die Händler stifteten 1695 den Wiederaufbau im barocken Stil samt vergoldetem Schmiedeeisengitter vor dem Chor und Rubens-Gemälde. Heute stören aller-

MONT DES ARTS

dings aufdringliche Bettler den Kunstgenuss. *Rue au Beurre 1 | Metro: Bourse*

14 THÉÂTRE ROYAL DE LA MONNAIE [123 E3]

Brüssels ältester Musentempel entstand 1695 an der Stelle der alten Münzprägeanstalt – daher der Name. Den neubarocken Prachtbau gestaltete der Architekt des Justizpalastes, Joseph Poelaert, nach einem Brand. 1985 bekam er postmoderne Proberäume aufgesetzt. Drinnen lohnt sich ein Blick ins Foyer und in den Salon Royal. Sie wurden von den modernen Künstlern Daniel Buren, Sam Francis, Sol LeWitt und Giulio Paolini verziert. Doch am wichtigsten sind natürlich die Aufführungen, die zur Weltspitze zählen. *Sa 12 Uhr Gratisführungen | Tel. 022 29 13 72 | Place de la Monnaie | Metro: De Brouckère*

MONT DES ARTS

> **Am Hang zwischen Unter- und Oberstadt, Kathedrale und Justizpalast, residierte einst der Adel.** Heute säumen den eleganten Brüsseler Stadtpark Königspalast, Parlament und Ministerien, die ebenso elegante *Place Royale* mit dem Denkmal für den Kreuzfahrer Gottfried von Bouillon und renommierte Museen. Am Sablon liegen feine Antiquitätengeschäfte und schicke Cafés – und dort wohnen betuchte Brüsseler, während die Marolles volkstümlich geblieben sind.

1 CATHÉDRALE SAINT-MICHEL ★ [123 F3]

Prächtig restauriert ragt die Kathedrale am Hang auf. Außen gotisch mit typischen Brabanter Spitzen-

> WIEGE DES JUGENDSTILS
Victor Horta prägte die Architektur Brüssels nachhaltig

Victor Horta (1861–1947) baute 1893 das Haus des Mathematikprofessors Tassel *(Hôtel Tassel, Rue Paul-Emile Janson 6)*. Brüssel stand Kopf. Eisenträger waren sichtbar, Gitter floral gebogen. Durch immense Fenster und eine Glaskuppel strömte Licht. Die Räume um ein zentrales Treppenhaus gingen ineinander über. Bis zu den Türgriffen und Wasserhähnen war alles Maßarbeit. Ebenfalls 1893 baute Hortas Kollege Paul Hankar etwas weiter sein ebenso gewagtes Wohnhaus *(Rue Defacqz 71)*. L'Art nouveau, die Neue Kunst, war geboren. Im Nu eroberte sie die Stadt – und danach die Welt. 1897 kamen der betagtere Wiener Architekt Otto Wagner und der junge Hector Guimard aus Paris zur Brüsseler Weltausstellung. Sie sahen, der Jugendstil siegte. Doch nur in Brüssel wurde er zum Massenstil. Lange bevor der Begriff 1925 geprägt wurde, ging Art nouveau zuerst in Brüssel ins Art déco über. Den Anstoß gab Joseph Hoffmann mit dem *Palais Stoclet,* für die Verbreitung sorgte Victor Horta. Rund 1500 lupenreine Jugendstil- und noch mehr Art-déco-Bauten haben die Abrisswut späterer Generationen überlebt.

SEHENSWERTES

Cathédrale Saint-Michel: prächtig restauriert, mit Buntglasfenstern und Holzschnitzereien

schnörkeln um Portale, Fenster und Zinnen. Im Inneren fallen zahlreiche Elemente aus Renaissance und Barock auf. Die meisten Buntglasfenster haben die Kriege überdauert. Über dem Portal ein „Jüngstes Gericht" von Frans De Vriendt. Im Querschiff Kaiser Karl V. und seine Gemahlin Isabella von Portugal (Nordseite) und die Schwester des Kaisers Maria mit ihrem Gemahl König Ludwig II. von Ungarn (Südseite). In der nördlichen Seitenkapelle, wo die Statthalter Albrecht und Isabella von Habsburg und Prinz Karl-Alexander von Lothringen unter einer schlichten Platte ruhen, glänzt der Kathedralschatz.

Hinter dem Chor verdient der Renaissance-Altar aus Alabaster mehr als einen flüchtigen Blick, ebenso wie die Kanzel. Die barocke Darstellung der Vertreibung von Adam und Eva aus dem Paradies und der Legende vom Weinstock bildet einen Höhepunkt Brüsseler Holzschnitzerei. Unter dem Schiff befinden sich Überbleibsel einer viel älteren romanischen Kirche, unter dem Chor die Gräber der Herzöge von Brabant. Nicht nur sehens-, sondern auch hörenswert ist die monumentale Schwalbennestorgel von Gerhard Grenzing. Regelmäßig erklingen die majestätischen Glocken und das Carillon, das liebliche Glockenspiel. *Parvis de Sainte-Gudule | Metro 1A/B: Gare Centrale*

Insider Tipp

2 JARDIN BOTANIQUE ❋ [124 A–B2]
Hier erschließt sich Brüssels widersprüchliche Schönheit. Rechts das elegante, neoklassizistische Gewächshaus des alten Botanischen Gartens mit seinem Park, links ein Büroturm. Zu dessen Füßen liegt ein glitzerndes Klein-Manhattan. In der Ferne schließt die Basilique Nationale eine wunderbare, lange Achse ab. Die kreuzende Achse der Rue Royale endet auf der einen Seite mit der neubyzantinischen Kirche

MONT DES ARTS

SEHENSWERTES IN MONT DES ARTS

- [1] Cathérine Saint-Michel
- [2] Jardin Botanique
- [3] Les Marolles
- [4] Mont des Arts
- [5] Musée Belvue
- [6] Musée d. Instruments d. Musique
- [7] Musées Royaux des Beaux-Arts
- [8] Notre-Dame de la Chapelle
- [9] Notre-Dame du Sablon
- [10] Palais des Académies
- [11] Palais des Beaux-Arts
- [12] Palais de Justice
- [13] Palais de la Nation
- [14] Palais du Roi
- [15] Parc de Bruxelles
- [16] Parc D'Egmont
- [17] Place du Sablon
- [18] Sainte-Marie

Sainte-Marie, auf der anderen Seite mit dem Palast des Königs. Brüssels schönstes Fleckchen, wenn sich die untergehende Sonne im Glas des Gewächshauses spiegelt und alle Lichter angehen. *Eintritt frei | Ecke Bd. du Jardin Botanique/Rue Royale | Metro 2: Botanique*

Insider Tipp

[3] LES MAROLLES ▶▶ [123 D-E 5-6]

Brüsseler Brüche und *brassages* (Mischungen): In den grauen Sozialwohnungen (darunter ein an sich schöner Jugendstilblock zwischen Rue de la Rasière und Rue Pieremans) hält sich ein Urgestein. Es spricht noch Brusseleir (eine Mischung aus Altbraban-

> www.marcopolo.de/bruessel

SEHENSWERTES

tisch und Französisch), meckert, trinkt, singt, tanzt auf der Straße. Immer weiter rücken die *brocanteurs* (Trödelhändler) und besseren Antiquitätengeschäfte zum Flohmarkt auf der *Place du Jeu de Balle* vor, eröffnen schicke Einrichtungsgeschäfte und Restaurants. Künstler und Bohemiens, Studenten und Yuppies, Aussteiger und Insider schätzen das Flair.

Insider Tipp Am ==Palaverbaum== *(Rue de l'Epée)* spielen sie Speakers' Corner – wie im Londoner Hyde Park. Unter dem Bahnhof *Chapelle* experimentieren junge Musiker mit Crossover-Formen, junge Künstler dürfen Graffiti sprühen, das Café-Restaurant *Recyclart (Rue des Ursulines 25)* ist ein Hotspot. Nicht verpassen: den restaurierten *Horta-Kindergarten (Rue Saint-Gislain 40)*. Mitten ins Marolles-Viertel bringt Sie der Aufzug am Justizpalast *(Place Poelaert)*. Metro 2: Porte de Hal

4 MONT DES ARTS [124 A4]

Aufs Angenehmste verbindet die formstrenge Anlage des bekannten Gartenarchitekten René Pechère Unter- und Oberstadt. So herrscht zwischen den großen Kulturinstitutionen reges Kommen und Gehen. Oben dreht sich in einem Wasserbecken ein Mobile von Alexander Calder. Vom Torbogen über der Rue Mont-des-Arts erklingt viertelstündlich heiteres Glockenspiel. *Place de l'Albertine/ Rue Mont-des-Arts/Rue Montagne de la Cour | Metro 1A/B: Gare Centrale*

5 MUSÉE BELVUE [124 A4]

Hier bekommen Sie eine prägnante interaktive Einführung (auch in Deutsch) in die Geschichte Belgiens

Im angesagten Marolles-Viertel: Flohmarkt auf der Place du Jeu de Balle

32 | 33

MONT DES ARTS

von 1830 bis heute, in einem Seitenflügel des Schlosskomplexes Palais du Roi. Hervorragende Datenbank, um das Gesehene zu vertiefen. Phantasie braucht, wer in die unter der Place Royale ausgegrabenen Überbleibsel der Hofburg eintaucht. In der *Insider Tipp* Aula magna dankte 1556 Karl V. als Kaiser des römischen Reiches und König von Spanien ab. Schönes Café-Restaurant mit Terrasse im Schatten des Palastgartens. *Juni bis Sept. Di–So 10–18 Uhr, Okt.–Mai Di–So 10–17 Uhr | Eintritt 3 Euro, Kombiticket Museum/Ausgrabungen 5 Euro | Place des Palais 7 | www.belvue.be | Metro 2: Trône*

mentenmuseum eingezogen – und die Cafeteria samt Sonnenterrasse zur Place Royale ein Magnet wie eh und je. Dabei besitzt das Museum eine der größten Sammlungen der Welt. Der Bogen reicht von einer altägyptischen Harfe bis zum Synthesizer, aufregend sind die Musikinstrumente aus fernen Erdteilen, hinreißend die bemalten Cembali oder abenteuerlichen Saxophone. Regelmäßig werden die solidesten Erbstücke live bespielt. *Insider Tipp Di–Fr 9.30–17 Uhr, Sa–So 10–17 Uhr | Eintritt 5 Euro | Rue Montagne de la Cour 2 | www.mim.fgov.be | Metro 1A/B: Gare Centrale*

Von der altägyptischen Harfe bis zum Synthesizer: im Musée des Instruments de Musique

6 MUSÉE DES INSTRUMENTS DE MUSIQUE ★ [124 A5]

„Old England" steht auf der Fassade des feingliedrigen Jugendstilbaus. Einst kaufte hier Brüssels High Society ein. Im laubenartigen Obergeschoss traf sie sich zum Five o'Clock Tea. Inzwischen ist das Musikinstru-

7 MUSÉES ROYAUX DES BEAUX-ARTS DE BELGIQUE ★ [124 A4]

Ein Tag reicht kaum aus, um alles zu sehen, was die 200 Jahre alten Königlich-Belgischen Kunstmuseen im alten Flügel, in den Palais an der Place Royale und im unterirdischen Neubau bieten. Die flämischen Pri-

SEHENSWERTES

mitiven sind mit Gemälden von Hieronymus Bosch oder Hans Memling glänzend vertreten. Pieter Bruegel d. Ä. nimmt zwei Säle ein, im Patio faszinieren goldgewirkte Brüsseler Tapisserien, im größten Saal prangen monumentale Gemälde von Rubens. Außerdem mehrere hinreißende Porträts von Anthonis van Dyck.

Ebenfalls meisterlich vertreten: die holländische (u. a. Frans Hals und Rembrandt) und die französische Schule (Watteau, David, Ingres). Brüssel als Drehscheibe des Symbolismus kommt mit Spitzenwerken von James Ensor, Fernand Khnopff, Constantin Meunier, Auguste Rodin oder Edward Burne-Jones voll zu seinem Recht. Vom Schaffen René Magrittes bietet das Museum die weltweit größte und beste Übersicht. Nicht verpassen: die imposante Königliche Treppe und das Jugendstiltreppenhaus im Palais Gresham.

Insider Tipp Angesagtes Museumscafé mit großzügiger Terrasse über dem Skulpturengarten. Jeden Mittwoch *(Okt. bis Juni 12.40 Uhr)* finden im Auditorium gute Kammerkonzerte statt. Entspannend ist auch der beschauliche Skulpturengarten an der Westseite mit seinen Bänken. *Di–So 10 bis 17 Uhr (einige Säle sind wegen Personalmangel manchmal geschlossen) | Eintritt 5 Euro | Rue de la Régence 3 | www.fine-arts-museum.be | Tram 92, 94: Royale*

8 NOTRE-DAME DE LA CHAPELLE [123 E5]

Eine stattliche gotische Kirche am Rande des Marolles-Viertels. Am Wochenende ist sie geistliches Zentrum der polnischen Gemeinschaft. Die Attraktion der Kirche bildet die Plakette in der vierten Kapelle rechts. Sie erinnert daran, dass hier der Maler Pieter Bruegel d. Ä. und seine Frau Maria Coecke bestattet sind. *Place de la Chapelle | Metro 1A/B: Gare Centrale*

9 NOTRE-DAME DU SABLON [123 F5]

Effektvoll steht die reich verzierte spätgotische Kirche zwischen dem kleinen und großen Sablon. Allabendlich, wenn die Kirche innen erleuchtet ist, spenden die großen Buntglasfenster den Plätzen festliches Licht. Noch heute feiert hier die

>LOW BUDGET

› Vom ☼ Platz vor dem *Justizpalast* [127 E1] gibt es einen herrlichen Panoramablick über die Altstadt und den Norden. Ein Fahrstuhl führt kostenlos mitten in die volkstümlichen Marolles.

› Das *Armeemuseum* im *Parc du Cinquantenaire* [125 F5] *(Di-So 9–16.30 Uhr)* – mit einer hervorragenden Waffensammlung – können Sie kostenlos besuchen. ☼ Man kann von dort auch auf den Triumphbogen steigen und die Aussicht genießen.

› Fast alle Metrostationen sind mit monumentalen Werken prominenter belgischer Künstler geschmückt, u. a. von Pierre Alechinsky (Anneessens), Paul Delvaux (Bourse), Hergé (Stockel), Berlinde De Bruyckere (Simonis) – ein echtes Museum. In den Metrostationen Toison d'Or und De Brouckère sowie bei den Fremdenverkehrsämtern gibt es einen Führer zu diesen Kunstwerken (5 Euro).

MONT DES ARTS

Gilde der Bogenschützen, die die Kirche einst stiftete, ihre Feste. Wertvolle Renaissance-Empore und herrliche Barockgräber der Fürsten von Thurn und Taxis. *Rue de la Régence | Tram 92 | 94: Petit Sablon*

10 PALAIS DES ACADÉMIES [124 B5]

Der elegante Bau stammt aus der kurzen holländischen Periode (1815 bis 1830). Nach dem Kronprinz von Oranien-Nassau zogen die Akademien ein. Nicht nur etwas für die betagte Wissenschaftler-, Schriftsteller- und Künstler-Elite ist der ruhige Park. Die Putti und Blumenkörbe auf der Mauer stammen vom jungen Auguste Rodin. *Rue Ducale 1 | Metro 2: Trône*

11 PALAIS DES BEAUX-ARTS [124 A4]

Victor Horta, der Schöpfer des Jugendstils, erfand auch das Art déco – zehn Jahre, bevor es den Begriff gab. Das Palais des Beaux-Arts, 1920–28 erbaut, illustriert Hortas Meisterschaft. Der eiförmige, große Konzertsaal, zu dem eine kühne Rampe führt, liegt unter der Erde. Um eine grandiose Halle mit Glasdach gruppieren sich Saalfluchten für Ausstellungen. Darüber hinaus beherbergt das Palais Kammermusiksäle, Theater, die Cinemathek, Restaurants und Läden. Ein Mittelpunkt des Brüsseler Kultur- und Gesellschaftslebens. *Sonntags um 12 Uhr Führungen | Preis 7 Euro | Rue Ravenstein 23 | Metro 1A/B: Gare Centrale*

12 PALAIS DE JUSTICE ★ [123 E6]

Als „Architekten" beschimpfen die Ureinwohner des Marolles-Viertels heute noch unsympathische Menschen. Dem gigantischen Bau, den Hitler und sein Architekt Albert Speer bewunderten, musste 1866 ein Stück der Marolles weichen. Architekt Joseph Poelaert, der vor Vollendung seines Lebenswerkes wahnsinnig wurde, verherrlichte Justitia und das mächtige Belgien. Unter der enormen Kuppel der *Salle des pas perdus* (Saal der verlorenen Schritte)

Hier wird jeder ganz klein: Saal der verlorenen Schritte im Palais de Justice

SEHENSWERTES

wird jeder, ob Angeklagter, Anwalt oder Besucher, ganz klein. *Mo–Fr 9 bis 12 und 14–16 Uhr | Eintritt frei | Place Poelaert 1 | Metro 2: Louise*

13 PALAIS DE LA NATION [124 B3-4]

Spiegelbildlich stehen sich die beiden Schaltstellen der Macht diesseits und jenseits des Parc de Bruxelles gegenüber: der Palais du Roi und der Palais de la Nation (Parlament). Ein belgischer Monarch spottete einmal über die „Baracke gegenüber". Doch das Parlament, 1779 für die damaligen Generalstaaten der Österreichischen Niederlande gebaut, steht dem Amtssitz des Staatsoberhauptes in nichts nach. Die Sitzungssäle der Abgeordnetenkammer und des Senats sowie die Saalfluchten, in denen die Präsidenten repräsentieren, sind von königlicher Pracht. Vor der Rückseite steht der hinreißende Jünglings-Brunnen des Symbolisten George Minne. *Nur nach Anmeldung (Tel. 02 5 19 81 11) und am 21. Juli | Rue de la Loi | Metro: Arts-Loi*

14 PALAIS DU ROI ★ [124 A-B5]

Einst ragte an dieser Stelle die prächtige Hofburg der Burgunder und Habsburger auf. Ein Brand vernichtete sie 1731. An ihre Stelle trat eine kleinere Residenz. Leopold II. ließ sie zu diesem repräsentativen Gebäude umbauen. Drinnen herrscht königliche Pracht, insbesondere im üppig vergoldeten, gigantischen Thronsaal. Decke und Lünetten des Spiegelsaals schmückte der Künstler Jan Fabre im Jahr 2002 mit Millionen schillernder Käferpanzer. Wenn hohe Staatsgäste kommen, was häufig der Fall ist, paradiert das berittene Garderegiment vor der Auffahrt. *Ende Juli bis Anfang Sept. (je nach Urlaub des Königs) tgl. 9.30–16 Uhr | Eintritt frei | Place des Palais | Metro 2: Trône*

15 PARC DE BRUXELLES [124 A-B4]

Brüssels ältester Park trennt und verbindet die Schaltstellen der Macht. Regelmäßig spaziert der Premierminister oder Senatspräsident zur Audienz beim König. Botschafter und Beamte joggen vorm Lunch, in zwei Bereichen dürfen sich Kinder und Jugendliche austoben, zwei Cafés laden zum Verschnaufen ein. Einst gehörte der Park zur Hofburg der Herrscher, 1830 erkämpften die belgischen Re-

> RICHTIG FIT!

Joggen oder trainieren im schicken Fitnesszentrum

Ein Paradies für Jogger ist der hügelige Stadtwald *Bois de la Cambre* mit Wiesen und Teichen, an den sich der 50 km^2 große *Forêt de Soignes* [126 C3] anschließt *(Tram 4, 94: Legrand)*. Im Fitnesszentrum *Aspria Avenue Louise*, wo auch James Bond trainieren würde, wird in einem durch und durch englischen Ambiente der Körper entspannt in Form gebracht. Der Pool ist oft Schauplatz für Werbespots und Filmszenen. *Mo–Fr 6.30–22 Uhr, Sa/So 8–20 Uhr | Gästekarte (ein Tag) 17 Euro |* [126 C3] *Av. Louise 71B | Tel. 02 5 42 46 66 | www.aspria.be | Metro 2: Louise*

MONT DES ARTS

volutionäre hier die Unabhängigkeit von Holland. Kenner entdecken im Grundriss die neun Werkzeuge der Freimaurer – subtiler Beleg für ihre einstige Macht in Brüssel. *Rue Royale | Metro 1A/B: Parc*

16 PARC D'EGMONT [123 E–F6]

Vier verborgene Pforten führen in diese Oase der Ruhe. Passende Poesie von Marguerite Yourcenar, die in Brüssel zur Welt kam, stimmt an der Rue aux Laines ein, wo ihre Verse in die Treppenstufen und Stützmauern gemeißelt sind. Der englische Stil kontrastiert mit der Rückseite des neobarocken *Palais d'Egmont*, der Residenz des belgischen Außenministers. In der Orangerie lockt ein elegantes Café *(Sa geschl. | mit Terrasse)*. Ein Geheimtipp für alle, die die Antiquitätenhändler am Place du Grand Sablon abklappern oder um die schicke Porte Louise einkaufen. *Eingang neben der Rue aux Laines Nr. 20 oder links neben dem Hilton-Hotel | Bd. de Waterloo 38 | Metro 2: Louise*

17 PLACE DU SABLON ★ [123 E–F5]

Zum Pflichtprogramm aller Besucher Brüssels gehört dieser Doppelplatz. Der *Petit Sablon* mit dem Denkmal für die Grafen Egmont und Horne, die ihren Aufstand gegen die Spanier mit dem Leben büßten, wird umsäumt von pittoresken Handwerker-Plastiken. Der *Grand Sablon* ist das Mekka der Antiquitätenhändler und bildet am Wochenende die Kulisse für ihren Markt. Der Platz ist auch Laufsteg für alle, die mit Schick und

> BLOGS & PODCASTS
Gute Tagebücher und Files im Internet

> *www.belgieninfo.net* – Die in und um Brüssel lebenden ca. 30 000 Deutschsprachigen haben in ihrem elektronischen Infoblatt auch ein Forum für Blogger.

> *www.blogule.be/de* – Hier kommentiert Sven den Brüsseler Alltag. Das Deutsch ist allerdings arg abenteuerlich. Für alle, die Französisch können: Auf *www.blogule.be* liest sich's flotter.

> *www.brusselssucks.be* – Die englische Website liefert nicht nur nützliche Informationen, sondern bietet auch Raum für Blogs – viele davon in Deutsch.

> *www.bxlblog.be* – Der ausführlichste Blog, mit schönen Fotos – allerdings in französischer Sprache.

> *www.podcasting.be* – Allgemeine Übersicht über belgische Podcasts.

> *www.brf.be* – Die Podcasts des deutschsprachigen Belgischen Rundfunks BRF bieten viele Informationen über Belgien und Hits.

> *www.classic21.be* – Die auf Französisch verfasste Seite stellt Chanson-, Pop- und Rockklassiker zum Download bereit.

> *www.mint.fm* – Hits aus den belgischen Charts sind auf der Website des Brüsseler Stadtradios zu hören.

Für den Inhalt der Blogs & Podcasts übernimmt die MARCO POLO Redaktion keine Verantwortung.

SEHENSWERTES

reichlich Schecks glänzen können. Genüsslich kreisen sie in ihren Luxuskarossen um den Platz, genüsslich schauen Freund und Feind von den Terrassen zu. Jedes Café hat sein eigenes Publikum – außer dem unverwüstlichen *Au Vieux Saint-Martin,* das alle lieben. *Tram 92, 94: Petit Sablon*

QUARTIER EUROPÉEN

> **Den ersten Eindruck prägen architektonisch mehr oder weniger gelungene Bürohäuser und Stadtautobahnen.** Doch versteckt dazwischen liegen ruhige Parks, grandiose Museen und schön gestaltete Plätze. In den Randzonen ist ein abwechslungsreiches, kosmopolitisches Bevölkerungsgemisch aus gut bezahlten Beamten und Lobbyisten, jungen EU-Praktikanten und ärmeren Einwanderern zu Hause.

Der Grand Sablon ist ein Laufsteg für Schicke und Reiche

18 SAINTE-MARIE [124 B1]

Ihre Kupferkuppel und die funkelnden Goldmosaike schließen die Rue Royale optisch ab. Das neobyzantinische Gotteshaus dient heute als eine ökumenische Begegnungsstätte. Von der Nordseite der Kirche Sainte-Marie haben Sie einen schönen Blick auf das Lustschlösschen *Château de Laeken*. *Rue Royale | Tram 92, 94: Sainte-Marie*

1 AUTOWORLD [125 F5]

Rund 500 glänzende Limousinen, vom ersten Benz bis zum Cadillac-

QUARTIER EUROPÉEN

Cabriolet, in dem Präsident Kennedy 1963 durch West-Berlin fuhr, begeistern alle Autofans. Eine Besonderheit sind die einst sehr gefragten belgischen Nobelmarken wie Minerva. Bemerkenswert ist die Halle von 1880 mit ihren verspielten Eisenträ-

Berlaymont: Sitz der EU-Kommission

gern. *April–Sept. tgl. 10–18 Uhr, Okt.–März tgl. 10–17 Uhr | Eintritt 6 Euro | Parc du Cinquantenaire 11 | www.autoworld.be | Metro 1A/B: Mérode*

2 AVENUE DE TERVUREN [0]

Trotz der Stadtautobahn, die in den 1960er-Jahren an die Stelle eines vornehmen Reitwegs trat, trotz zahlreicher seelenloser Zweckbauten bleibt dies die schönste Straße der Stadt. Die grandiose Avenue nimmt am Triumphbogen im Parc du Cinquantenaire ihren Anfang, dann schwingt sie sich ab dem Palais Stoclet zu den Weihern im Woluwé-Tal hinab, steigt zum Stadtwald wieder an und führt als kilometerlange Achse auf das Musée Royal de l'Afrique zu. Erste Adresse für Botschaftsresidenzen – in Nr. 452 hat die deutsche Botschaft ihren Sitz. *Metro 1B: Montgomery*

3 BERLAYMONT ★ [125 D4]

Sterne symbolisieren die Europäische Union. Deshalb ist der Grundriss des Berlaymont, in dem die Kommission residiert, sternförmig. Bei der Renovierung achteten die Brüsseler Architekten Steven Beckers und Pierre Lallemand auf weitere Parallelen: Das Gebäude ist transparent und umweltfreundlich. Lediglich Glaswände trennen es von der Straße, bewegliche Glaslamellen regeln Licht und Heizung in den Büros. Recyceltes Regenwasser spült die Toiletten, die verbrauchte Luft der Klimaanlage heizt die Tiefgarage. Die umweltfreundliche Architektur wurde 2000 preisgekrönt. *Rue de la Loi 200 | Metro 1A/B: Schuman*

4 JARDIN JEAN-FÉLIX HAP [125 E6] *Insider Tipp*

Niemand stört Träumer, Poeten und Verliebte im romantischen Garten eines Bildhauers, in dem eine sprudelnde Quelle einen Teich speist. Vor einem Regenguss schützt ein romantischer Pavillon. *15. April–15. Okt. Mo–Sa 10–12 und 14–18 Uhr | Chaussée de Wavre 512 | Bus 34: De Theux*

> www.marcopolo.de/bruessel

SEHENSWERTES

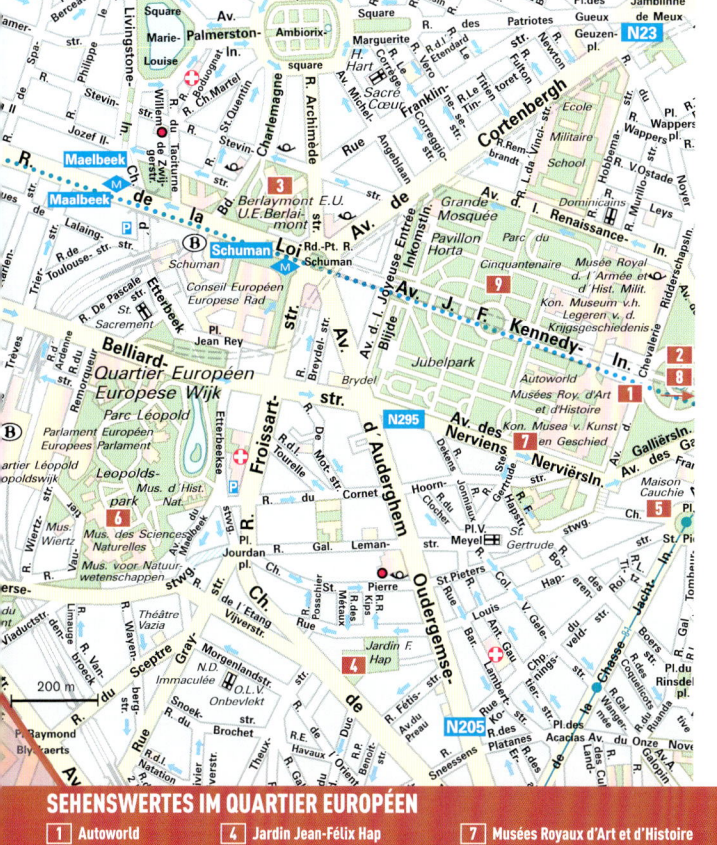

SEHENSWERTES IM QUARTIER EUROPÉEN

- **1** Autoworld
- **2** Avenue de Tervuren
- **3** Berlaymont
- **4** Jardin Jean-Félix Hap
- **5** Maison Cauchie
- **6** Musée des Sciences Naturelles
- **7** Musées Royaux d'Art et d'Histoire
- **8** Palais Stoclet
- **9** Parc du Cinquantenaire

5 MAISON CAUCHIE [125 F6]

Nicht Hortas florale Linien, sondern Mackintoshs eckige Formen regten den Maler Paul Cauchie an. Er entwarf sein Haus selber. Die Sgraffiti, eine spezielle Freskentechnik, die einen Großteil der Fassade bedecken, zeigen engelhafte Wesen. *1. Wochenende des Monats, Sa und So 11–13 und 14–18 Uhr | Eintritt 4 Euro | Rue des Francs 5 | Metro 1A/B: Mérode*

6 MUSÉE DES SCIENCES NATURELLES [124–125 C–D6]

Die größte Attraktion des Naturwissenschaftlichen Museums bleibt die

40 | 41

QUARTIER EUROPÉEN

Darstellung der Frühgeschichte, u. a. mit 125 Mio. Jahre alten, 10 m langen Dinosaurierskeletten. Modernste audiovisuelle Mittel und interaktive Computer führen hautnah in ihre Welt ein. Tolle Cafeteria und Shop. *Di–Fr 9.30–16.45 Uhr, Sa und So 10–18 Uhr | Eintritt 7 Euro | Rue Vautier 29 | www.sciencesnaturelles. be | Bus 80: Wayenberg*

7 MUSÉES ROYAUX D'ART ET D'HISTOIRE ⭐ [125 F5]

Mit 140 Sälen ist das Museum für Kunst und Geschichte eines der größten und am üppigsten bestückten der Welt (wegen Personalmangel und Renovierungen sind allerdings manchmal Abteilungen ganz oder teilweise geschlossen!). Von der Frühzeit bis ins 20. Jh. stammen die archäologischen Fundstücke und Kunstwerke aus vier Kontinenten.

Höhepunkte: Die Antikensammlung (u. a. ein wunderschönes römisches Mosaik, ausgegraben im heutigen Syrien); die Sammlung präkolumbischer Kulturen (Azteken, Inkas und Mayas); die kostbaren, geschnitzten und verzierten belgischen Möbel aus Renaissance, Barock und Rokoko; die berühmten Brüsseler Tapisserien (u. a. nach Entwürfen von Rubens) und geschnitzten, bemalten Altäre; die Abteilung Jugendstil mit traumhaftem Silber (u. a. von Henry van de Velde) und faszinierender Keramik in den Mahagonivitrinen, die Victor Horta für das Juweliergeschäft Wolfers entwarf; die Sänften, Kutschen und Karossen (für die Brüssel einst ebenfalls berühmt war).

Die Cafeteria mit Terrasse bietet vorzügliche kleine Gerichte und einen herrlichen Blick auf den Parc du Cinquantenaire. Im Museumsshop können Sie raffinierte Souvenirs zu erschwinglichen Preisen erstehen. *Di–So 10–17 Uhr | Eintritt 6 Euro | Parc du Cinquantenaire 10 | www. mrah.be | Metro 1A/B: Schuman*

8 PALAIS STOCLET [O]

1905 wählte Baron Adolphe Stoclet den Wiener Joseph Hoffmann als Architekten. Dieser schuf in der Stadt des floralen Jugendstils ein Manifest der eckigen Wiener Secession. Die gesamte Außenseite ist in Marmor und Bronze gestaltet. Die monumentalen Mosaikfriese von Gustav Klimt im Speisesaal sind in vielen Kunstbüchern abgebildet. Der Bau, noch immer im Besitz der Familie Stoclet, ist nämlich nie zugänglich. Darüber tröstet ein Bummel über die prächtige, grüne Avenue de Tervuren leicht hinweg. *Av. de Tervuren 275 | Metro 1B: Montgomery*

9 PARC DU CINQUANTENAIRE ⭐ [125 E–F5]

Zur 50-Jahr-Feier des Königreichs Belgien ließ König Leopold II. diese

Dinosaurierskelette: größte Attraktion im Naturwissenschaftlichen Museum

SEHENSWERTES

großzügige grüne Lunge anlegen. Der imposante Triumphbogen mit seiner Quadriga und dem Kolonnaden-Halbrund dominiert den Park. In die ursprünglichen, neoklassizistischen Ausstellungshallen zogen später die Musées Royaux d'Art et d'Histoire, das Musée Royal de l'Armée und Autoworld. An der nordöstlichen Ecke: Brüssels erste und

SAINT-GILLES & IXELLES

> Bourgeois, Künstler, Studenten – das sind seit jeher die Bewohner dieser Stadtteile, in denen der Charme der Belle Époque weitgehend erhalten geblieben ist. Eklektische Fassaden und Jugendstilhäuser, verträumte Plätze

Triumph vor dem Triumphbogen: Luftsprung im Parc du Cinquantenaire

größte Moschee. Daneben der Pavillon der menschlichen Leidenschaften, das erste Werk von Victor Horta. Meistens nur durchs Schlüsselloch ist das monumentale, freizügige Marmorrelief (1897) von Jef Lambeaux zu erkennen *(Pavillon des Passions Humaines | Di–So 14.30 bis 15.30 Uhr | Eintritt 2,50 Euro)*. Während EU-Beamte joggen, tummeln sich junge Leute rund um die Fontäne an der Südseite. *Metro 1A/B: Schuman, Mérode*

Insider Tipp

und Szenetreffs laden zum Bummeln ein.

1 AVENUE BRUGMANN [127 E5–6]

Ein wahres Lexikon der Architektur stellt diese 4 km lange Achse mit schöner Aussicht und prächtigen Patrizierpalais dar. Erst steigt die Avenue Brugmann sanft an, dann fällt sie steiler wieder ab.

Zunächst herrscht stilistisch der Historismus vor: Neo-Gotik, Neo-Renaissance und Neo-Klassizismus

SAINT-GILLES & IXELLES

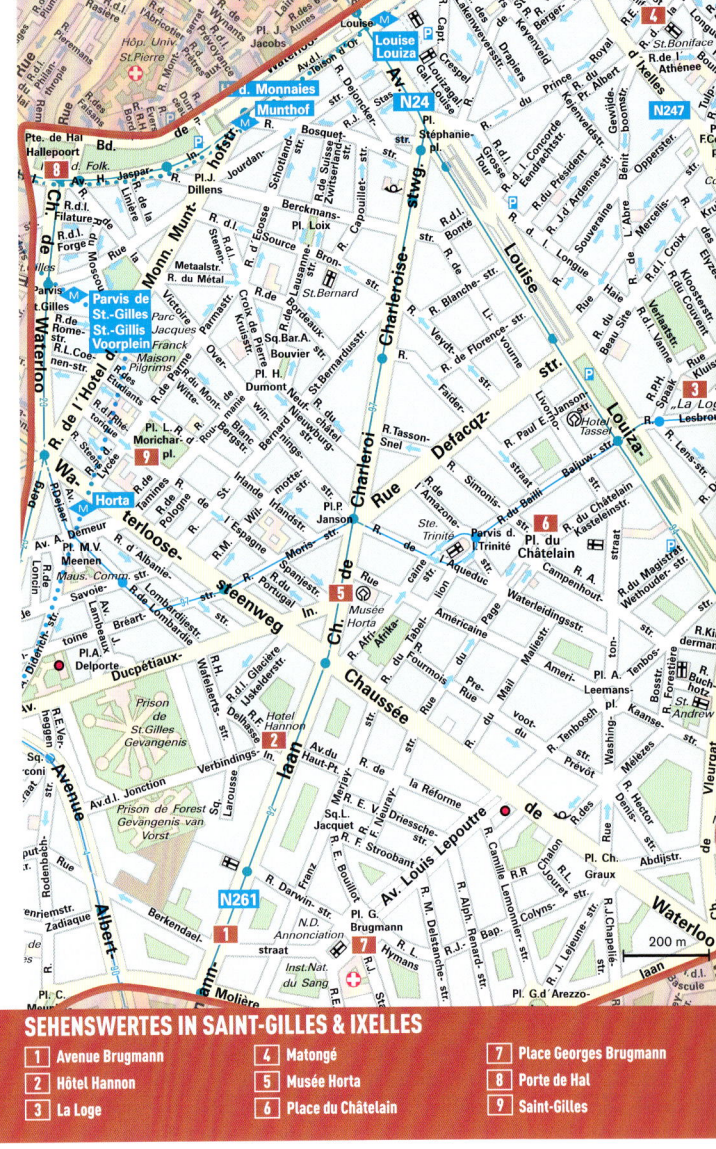

SEHENSWERTES IN SAINT-GILLES & IXELLES

1. Avenue Brugmann
2. Hôtel Hannon
3. La Loge
4. Matongé
5. Musée Horta
6. Place du Châtelain
7. Place Georges Brugmann
8. Porte de Hal
9. Saint-Gilles

> www.marcopolo.de/bruessel

SEHENSWERTES

(*Nr. 48* war das Palais des Violinvirtuosen Eugène Ysaye). Doch bald tauchen herrliche Jugendstilhäuser auf: etwa *Les Hiboux,* nach den vielen Eulen im Giebel benannt *(Nr. 53),* das markante *Hôtel Hannon* an der Ecke zur Rue de la Jonction oder etwas weiter *(Nr. 80)* das *Hôtel Dubois* mit seinem enormen Salonfenster –

2 HÔTEL HANNON [127 E4] Insider Tipp

Eines der schönsten Jugendstilhäuser, mit wunderbaren Buntglasfenstern von Tiffany und Fresken im ovalen Treppenhaus, ist heute eine Fotogalerie. *Mi–Fr 11–18, Sa und So 13–18 Uhr | Eintritt 2,50 Euro | Av. de la Jonction 1 | www.contretype. org | Tram 92: Ma Campagne*

In den leuchtenden Farben Afrikas: Wandmalerei in der Chaussée de Wavre

ein Entwurf des Meisters Victor Horta. Hinter Haus Nr. 52 ist ein zauberhafter Garten von René Pechère zugänglich.

Hügelabwärts folgen dann Meisterwerke des Art déco *(Maison Haerens, Nr. 384)* und des von Henry van de Velde begründeten Modernismus *(La Maison blanche, Nr. 421),* phantasielose Bauten der 1960er-Jahre und schöne Beispiele für das neue Stilbewusstsein um 2000. *Tram 92: Ma Campagne*

3 LA LOGE [128 B3] Insider Tipp

Die Freimaurer prägten Brüssel nachhaltig. Dieser ehemalige Tempel gewährt einen einmaligen Einblick in die progressive Loge Le Droit Humain. Zudem wechselnde Architekturausstellungen. *Di–So 12–18 Uhr | Eintritt 3 Euro | Rue de l'Ermitage 86 | www.aam.be | Tram 94: Bailli*

4 MATONGÉ [128 B1]

Im Dreieck zwischen Chaussée d'Ixelles, Chaussée de Wavre und

SAINT-GILLES & IXELLES

Rue de la Paix spielt sich das Leben der Afrikaner ab, auch wenn die meisten nicht hier wohnen. Bunte Stoffe, exotische Früchte und Restaurants sowie heißer Sound locken aber längst nicht nur sie an. *Metro 2: Porte de Namur*

5 MUSÉE HORTA ★ [127 E4]

1898 baute sich Victor Horta, der berühmte Jugendstilarchitekt, sein eigenes Wohnhaus und Atelier. Er betrachtete es als Höhepunkt seines Schaffens. Überall fallen die flammenartig gekrümmten Linien auf. Typisch für Hortas Baukonzept ist das zentrale Treppenhaus, dem eine doppelte Glaskuppel mildes Licht spendet. Offen und organisch, mit kleinen Höhenunterschieden, zweigen davon die anderen Räume ab. Revolutionär ist die gegliederte Säule im Erdgeschoss, eigentlich ein Heizkörper. Gewagt sind die glänzenden weißen Kacheln im Speisezimmer. Subtil vermitteln im engen, letzten Stock Spiegel ein Gefühl der Weite. Bis zu den Türgriffen ist jedes Element gestylt und maßgearbeitet. So entstand, wie immer bei Horta, ein atemberaubendes Gesamtkunstwerk. *Di–So 14–17.30 Uhr | Eintritt 7 Euro | Rue Américaine 25 | www. hortamuseum.be | Tram 92: Janson*

6 PLACE DU CHÂTELAIN [O]

Verträumt und provinziell wirkt der Platz mit seinen Linden. Doch nach Büroschluss nimmt die internationale *beau monde* in den trendigen Bars und Cafés ihren Aperitif. Andere trainieren ihren Körper im schicken *Golden Club*, bevor sie die Szenelokale in den Seitenstraßen bevölkern. Der Markt am Mittwochnachmittag ist ein regelrechter Laufsteg, um zu sehen und gesehen zu werden. *Tram 94: Bailli*

Musée Horta: Eine doppelte Glaskuppel schafft warmes Licht im Treppenhaus

SEHENSWERTES

7 PLACE GEORGES BRUGMANN ▶▶ [127 E5]

Eine hübsche Anlage, gesäumt von stattlichen Patrizierwohnungen der Belle Époque, Trendrestaurants, netten Caféterrassen – Dekor für Brüssels *Bobos*. Ihr neuester Intreff: *Winery* (Nr. 18), eine avantgardistisch gestylte Weinbar. Die *Librairie Candide* (Nr. 1) versorgt das kosmopolitische Publikum mit internationaler Presse. *Bus 60: Georges Brugmann*

8 PORTE DE HAL [127 D2]

Wo sich heute die Autos über den kleinen Innenstadtring wälzen, stand früher die alte Stadtmauer. Die wichtigsten Zugangswege sicherten mächtige Pforten. Als einzige steht die Porte de Hal aus dem Jahr 1381 noch. Der trutzige Bau mit hufeisenförmigem Grundriss ähnelt einer Burg. Er vermittelt einen Eindruck von Macht und Reichtum Brüssels. *Av. de la Porte de Hal | Metro 2: Porte de Hal*

9 SAINT-GILLES ▶▶ [127 D2–4]

Seit jeher prägen Zuwanderer, die an der Gare du Midi ankommen, *le bas Saint-Gilles*, den tiefer liegenden Teil des Bezirks um den *Parvis de Saint-Gilles*, den Marktplatz. Alteingesessene, Anhänger des lokalen Fußballklubs, klönen in ihrem Stammcafé *Brasserie de l'Union* (Nr. 55). Ein Völkchen, das sich radikal schick gibt, belebt die Art-déco-*Brasserie Verschueren* (Nr. 11–13). Bei allem Leben und Treiben sollte man keinesfalls die *Rue Vanderschrick* verpassen: Die Nordseite besteht nur aus Jugendstilhäusern, die Krönung ist das Café *La Porteuse d'Eau* (an der Ecke Av. J. Volders). Das andere Gesicht deutet bereits das stattliche *Rathaus* an (im 1. Stock gibt es Deckengemälde des Symbolisten Fernand Khnopff zu sehen). Dahinter beginnt *le haut Saint-Gilles,* das von zahlreichen Jugendstilhäusern geprägt ist. Im *Maison Pelgrims* (Rue de Parme 69) mit seinem zauberhaften Terrassengarten finden regelmäßig Ausstellungen und Konzerte statt. Ein Treff für Bier- und Comicfans ist wegen der riesigen Auswahl *Moeder Lambic* (Rue de Savoie 88).

Im Mai findet in Saint-Gilles in Jahren mit gerader Zahl der interessante *Parcours d'Artistes* statt: Zwei Wochen lang gewähren rund 100 Künstler Einblick in ihr Schaffen – und öffnen ihre Ateliers. *Metro: Parvis de Saint-Gilles*

IN ANDEREN VIERTELN

ATOMIUM ★ [118 C3]

Rundum erneuert worden ist das Wahrzeichen der Weltausstellung 1958. Sogar bei Nieselregen glänzen die Kugeln, ein 165 Milliarden Mal vergrößertes Eisenkristall, dank einer Inoxstahlverkleidung. Nach Einbruch der Dunkelheit beeindruckt ein aufregendes Lichterspiel. Auch in den Kugeln und Röhren stammt das Lichtdesign vom deutschen Experten Ingo Maurer. In den Kugeln gibt es wechselnde Ausstellungen über die Fifties und zeitgenössische Kunst, in der obersten Kugel ein Restaurant mit belgischen Spezialitäten. Atemberaubender Panoramablick und stolze Preise. *Tgl. 10-18 Uhr | Ein-*

IN ANDEREN VIERTELN

tritt 9 Euro | Bd. du Centenaire | www.atomium.be | Metro 1A: Heysel

BASILIQUE NATIONALE DU SACRÉ-CŒUR ❄ [120 A4]

Ein neugotisches Pantheon für die Großen der Nation wünschte sich Leopold II. auf dem sanften Hügel im Stadtbezirk Koekelberg. Ein halbes Jahrhundert später war eine der größten Kirchen der Welt vollendet, im Art-déco-Stil. Aparter Innenraum, schöner Rundblick von der Kuppel. *Av. du Panthéon/Av. des Gloires Nationales | Metro 2: Simonis*

CHÂTEAU DE LAEKEN ★ [119 F4–5]

Das 1781 erbaute Lustschlösschen im Grünen ließ Leopold II. ein Jahrhundert später zu einem echten Schloss erweitern. Noch heute residiert hier der König privat. Ende April/Anfang Mai sind die Gewächshäuser zugänglich. In dem traumhaften Komplex aus Eisen und Glas gedeihen exotische Pflanzen, die Königin Paola persönlich hegt. Am Rand der ausgedehnten Privatdomäne liegen der *Chinesische Pavillon* und der *Japanische Turm,* die Leopold II. seinerzeit importierte und mit Kostbarkeiten aus beiden Ländern füllte. An der Schnittstelle Av. du Parc Royal und Av. Jules van Praet: der monumentale *Neptun-Brunnen* des Renaissancemeisters Giambologna. *Av. du Parc Royal | Chinesischer Pavillon und Japanischer Turm Di–So 10 bis 16.30 Uhr | Eintritt 5 Euro | Av. Van Praet 44 | Tram 4: Araucaria*

CIMETIÈRE DU DIEWEG ❄ [0]

Verwunschen wie ein englischer Klostergarten. Zahlreiche Jugendstilgräber (u. a. das des Architekten Paul Hankar) und Grüfte der Bankiersdynastien des 19. Jhs. Zu den ausnahmsweise genehmigten Neubestattungen zählte Hergé, der Vater der Comic-Helden Tim und Struppi. *Tgl. 8–16 Uhr | Dieweg 95 | Tram 92: Dieweg*

Chinesischer Pavillon: von Leopold II. im 19. Jh. importiert und mit Kostbarkeiten gefüllt

SEHENSWERTES

MAISON D'ERASME [O]
Wenige Monate verweilte der Humanist Erasmus von Rotterdam 1521 in diesem eleganten Renaissance-Palais. 34 philosophische Briefe verfasste er am Schreibpult in der Bibliothek, im prunkvollen Weißen Saal gab er Empfänge. Alles ist wie seinerzeit geblieben. Neben kostbaren Möbeln sind wertvolle Porträts von Dürer und Holbein zu sehen. Der winzige Museums-Beginenhof nebenan, wo einst Laienschwestern karitativ tätig waren, und der ruhige Garten verstärken den Eindruck, in einer anderen Welt zu verweilen. *Di bis So 10–17 Uhr | Eintritt 1,25 Euro | Rue du Chapitre 31 | www.erasmushouse.museum | Metro 1B: Saint-Guidon*

MAISON MAGRITTE [121 D2]
Der Maler der verborgenen Wünsche, skurrilen Phantasien, rätselhaften Landschaften: Er arbeitete in den besten Jahren (1930–54) im Wohnzimmer einer bescheidenen Wohnung in einem kleinbürgerlichen Viertel. Originalgetreu restauriert und eingerichtet. Im ersten und zweiten Stock des Domizils Fotos, Andenken und einige bescheidenere Werke. *Mi–So 10–18 Uhr | Eintritt 7 Euro | Rue Esseghem 135 | www.magrittemuseum.be | Metro 1A: Bockstael*

> BÜCHER & FILME
Dreh- und Tatort Brüssel

> **Ein Fahrrad, ein Königreich und der Rest der Welt** – (1996) Der skurrile, tragikomische Roman von Pierre Mertens dreht sich um König Leopold III., dessen Sohn Baudouin und die Helden des Radsports.

> **Von verschwiegenem Unrecht** – (1999) Xavier Hanotte ersann Barthélémy Dussert, Inspektor bei der Brüsseler Kripo. Hier deckt er die Ermordung eines revisionistischen Historikers aus Heidelberg auf.

> **Böses Mädchen** – (2003) Über eine komplizierte Frauenfreundschaft an Brüssels Freier Universität schreibt die belgische Kultautorin Amélie Nothomb.

> **Das Kind von Noah** – (2004) Frankreichs Starautor Eric-Emmanuel Schmitt setzt dem belgischen Widerstand ein Denkmal.

> **Der Start** – („Le Départ", 1967) Ein Friseurlehrling nimmt mit dem Porsche seines Chefs an einer Rallye teil. Jerzy Skolimowskis Film wurde mit dem Goldenen Bären ausgezeichnet.

> **Far West** – (1973) Jacques Brel, der hier auch Regie führt, begibt sich als Cowboy auf einen Streifzug durch seine Heimatstadt.

> **Demain on déménage** – (2004) Die belgische Kultregisseurin Chantal Akerman schildert eine Mutter-Tochter-Beziehung vor dem Hintergrund des Holocausts.

> **Nue propriété** – (2006) Der zweite Film des belgischen Regisseurs und Shootingstars Joachim Lafosse spielt im Trendviertel Place Georges Brugman, wo zwei Brüder ihre Jugend verbringen.

IN ANDEREN VIERTELN

MUSÉE DAVID ET ALICE VAN BUUREN [0]

Der steinreiche Finanzwissenschaftler und Bankier David van Buuren und seine musisch begabte Frau Alice ließen sich 1928 diese Art-déco-Villa im Viertel Uccle bauen. Die besten belgischen und französischen Werkstätten fertigten Möbel und Buntglasfenster. Noch sehenswerter ist die Kunstsammlung der Mäzene, mit Meisterwerken von Pieter Bruegel d. Ä., Hercules Seghers, James Ensor, Max Ernst sowie belgischen Impressionisten und Expressionisten. Alles steht und hängt noch genauso wie zu Lebzeiten der van Buurens.

Zum Träumen lädt der große Garten mit Wasserlauf ein. Für ihn hat der berühmte Landschafts- und Gartenarchitekt René Pechère (1908 bis 2002) ein romantisches Herz und ein neckisches Labyrinth geschaffen. *Mi–Mo 14–17.30 Uhr | Eintritt 10 Euro (Museum und Garten), 5 Euro (nur Garten) | Av. Léo Errera 41 | www.museumvanbuuren.com | Tram 4: Marianne*

Insider Tipp

Zeitreise in die Dreißigerjahre: original erhaltene Art-déco-Villa des Ehepaars van Buuren

MUSÉE DE LA GUEUZE [122 C5]

Insider Tipp

Brauereien beherrschten einst Brüssels Stadtbild. Ein kleines Familienunternehmen hatte die ausgezeichnete Idee, die Kunst der *gueuze*-Herstellung zu dokumentieren – im Spätherbst und Winter gar mit Einblicken in die Produktion. *Mo–Fr 9 bis 17 Uhr, Sa 10–17 Uhr | Eintritt 4 Euro | Rue Gheude 56 | www.cantillon.be | Metro 2: Clémenceau*

> www.marcopolo.de/bruessel

SEHENSWERTES

MUSÉE ROYAL DE L'AFRIQUE CENTRALE ★ ☀ [0]

Der Bau im eleganten Vorort Tervueren ähnelt Schloss Sanssouci. König Leopold II. ließ ihn zu Beginn des 20. Jhs. errichten, um sich und seinen Kongo zu verherrlichen. Bis zum Ende der Kolonialzeit, 1960, bauten Wissenschaftler, Missionare und Mäzene eine gigantische Sammlung auf. Heute wird sie um Exponate aus den anderen Gebieten Afrikas ergänzt. Das Herzstück der Sammlung sind Tausende hinreißender Masken und Plastiken. Ein Spezialitätenrestaurant, ein Shop mit afrikanischen Kunstwerken und der weitläufige Park machen den Besuch zum Erlebnis. *Di–Fr 10–17 Uhr, Sa–So 10–18 Uhr | Eintritt 4 Euro | Leuvensesteenweg 13 | Tervueren | www.africamuseum.be | Tram: 44 (Endstation)*

SAINTS-PIERRE-ET-GUIDON [0]
Insider Tipp

Nur wenige kennen die alte gotische Kirche am früheren Markt der Pferdehändler. Ihre Krypta ruht auf den Säulen einer römischen Villa, der ursprüngliche Grabstein von Sankt Guido stammt aus einem keltischen Heiligtum. Später gelangte der Schutzpatron der Pferdehändler und Kutscher in eine Renaissancekapelle, letztlich noch in einen neogotischen Schrein. Saints-Pierre-et-Guidon war lange Zeit eine Station der Pilger auf dem Weg nach Santiago di Compostela. Das Kapitel brachte gar einen Papst hervor, Hadrian VI. Bemerkenswert sind die Fresken des Rubens-Schülers Gaspar de Craeyer. *Place de la Vaillance | Metro 1B: Saint-Guidon*

WIELS ▶▶ [126 A4]

Eine hinreißend schöne Brauerei, stilistisch zwischen Art déco und Bauhaus, wurde aufwendig zur Kunsthalle umfunktioniert. Sie bringt in lichtdurchfluteten Sälen internationale Avantgardeausstellungen. Nettes Café im alten Brausaal, Multikulti-Atmosphäre. *Mi–Sa 12–19 Uhr, So 11–17 Uhr | Eintritt 5 Euro | Avenue Van Volxem 354 | www.wiels.org | Tram 32, 97: Wielemans*

> ENTSPANNEN & GENIESSEN
Schwimmen im luxuriösen Art-déco-Ambiente

Brüssels Avantgardearchitekten bauten längst nicht nur elegante Patrizierpalais, sondern auch Schwimmbäder. Die *Piscine Victor Boin* stammt aus dem Jahr 1905. Viel Licht dringt durch das Glasdach, das bei schönem Wetter geöffnet wird. Im weiß gekachelten Wasserbecken mit Olympialänge spiegeln sich die über zwei Galerien verteilten 260 Umkleidekabinen und die eleganten Treppen. Entspannung garantieren Ihnen türkische und russische Dampfbäder, Jacuzzi und Massage. *Schwimmbad: Mo–Di, Do–Fr 8–19 Uhr, Mi 14–19, Sa 9–18 Uhr (Schulferien: Mo–Fr 12–19, Sa 12–18 Uhr) | Eintritt 2 Euro | Dampfbäder: Herren Mo, Do 8–20.30 Uhr, Sa 9–19.30 Uhr, Damen Di 8–19.30 Uhr, Fr 8–20.30 Uhr | Eintritt 18 Euro |* **[128 A2]** *Rue de la Perche 38 | Tel. 025 39 06 15 | Metro: Horta*

Bild: Rue des Bouchers

> SONNE, STERNE, SZENE
Brüssel bietet viele Gaumenfreuden für jeden Geldbeutel

> Brüsseler sind Frühstücksmuffel. Ein *café au lait*, eine Scheibe Brot mit Marmelade, ein Croissant. Dafür wird mittags besser gespeist und abends geschlemmt. Der Brauch des *déjeuner*, bei dem Geschäftliches verhandelt und Berufliches besprochen wird, hält sich. Doch nur noch selten in Form eines ausgiebigen Mahls mit Aperitif, vier Gängen und ebenso vielen Weinen und *pousse-café* (Cognac oder Likör) zur Zigarre. Kürzere und leichtere Mahlzeiten mit zwei Gängen – entweder Vorspeise und Hauptgericht oder Hauptgericht und Dessert –, zwei Gläsern Wein und Wasser und später einem Kaffee überwiegen.

Abends essen Brüsseler entspannt gestimmt und leger gekleidet – bevorzugt in stilvollem Rahmen. Im Trend liegt die südlich-mediterrane Spielart der Jeune Cuisine, die klassische Rezepte neu interpretiert. Verwendet wird u.a. hochwertiges Oli-

ESSEN & TRINKEN

venöl, und auch vegetarische Gerichte sind im Kommen.

Das mittägliche *déjeuner* beginnt um 13 Uhr, abends füllen sich die Restaurants nicht vor 20 oder 21 Uhr. Beim *dîner* (Abendessen) essen Belgier grundsätzlich drei Gänge – Vorspeise, Hauptgericht, Nachspeise. Oft werden sie als preisgünstiges Menü angeboten. In allen Restaurants empfiehlt sich rechtzeitige Reservierung.

■ SALONS DE THÉ

Hier gibt es sowohl süße *pâtisseries* als auch herzhafte Snacks.

LE BALMORAL [117 E5]

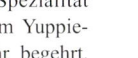

Im Stil der 50er-Jahre eingerichtet, Rock-'n'-Roll-Musik. Spezialität sind *milkshakes*. Intreff am Yuppie-Platz, Terrassenplätze sehr begehrt. *Mo geschl. | Place Georges Brugmann 21 | Bus 60: Georges Brugmann*

SALONS DE THÉ

CAFÉ DU VAUDEVILLE [123 E3]
Elegantes Café und Restaurant in der Galerie Saint-Hubert. Terrasse, im ersten Stock gepflegte Salons mit tiefen Ledersesseln. Begehrt sind die Fensterplätze, um das Treiben draußen zu beobachten. *Kein Ruhetag | Galerie de la Reine 11 | Metro 1 A/B: Gare Centrale*

Insider Tipp

Uhr, Sa und So 12.30–19 Uhr | Rue du Bailli 35 | Tram 94: Bailli*

LE PASSIFLORE [128 A3]
Trendy, besonders samstagnachmittags. Schöner (Terrassen-)Blick auf die Sainte-Trinité, Verkauf von preisgünstigem altem Silber. *Kein Ruhetag | Rue du Bailli 97 | Tram 94: Lesbroussart*

Brüssels feinste Konditorei: das Wittamer am Place du Grand Sablon

CHAFF [123 D6]
Trendlokal am Flohmarkt, leckerer Cappuccino, Imbisse, Bier und Wein. *Kein Ruhetag | Place du Jeu de Balle 21 | Bus 48: Jeu de Balle*

LE FRAMBOISIER DORÉ [128 A3]
In diesem netten Eiscafé können Sie so ungewöhnliche Zubereitungen wie Basilikum-, Lavendel-, Thymian-, Spekulatiuseis oder Kriek-Sorbet bestellen. *Mi–Fr 11.30–19*

PLANÈTE CHOCOLAT [123 E4]
Heißer Kakao, feine Schokoladentorten, Designerpralinen – und sonntags ab 16 Uhr lockt der Schokotempel zum Tanztee. *Kein Ruhetag | Rue du Lombard 24 | Metro: Bourse*

TEA & EAT [127 F1]
Einen Steinwurf von den schicksten Boutiquen entfernt. Zu feinem Tee originelle Imbisse (Antipasti, *bruschetta*, gefüllte Kartoffeln). In einem

> www.marcopolo.de/bruessel

ESSEN & TRINKEN

altem Patrizierhaus. Smartes Publikum. *So geschl. | Rue de Stassart 121 | Metro 2: Louise*

THÉ-TOI ET MANGE! [123 D3]
Heitere Atmosphäre für phantasievolle Snacks und feine Tees in Brüssels neuer Trendstraße. *Do–Mo 11 bis 18 Uhr | Rue de Flandre 19 | Metro: Bourse*

WITTAMER [123 E5]
Brüssels feinster Meisterkonditor bietet Blicke auf die *beau monde* des Sablon und einen eleganten, diskreten Salon im ersten Stock. Das Publikum ist dementsprechend. *Mo geschl. | Place du Grand Sablon 12–13 | Tram 92, 94: Petit Sablon*

■ RESTAURANTS €€€

BON-BON ⭐ [127 D6]
In seiner stimmungsvollen Brasserie mit offener Küche kreiert Shootingstar Christophe Hardiquest jeden Tag neue, kontrastreiche Gerichte – mit edlen Zutaten wie Arganöl oder mit simplen wie Ochsenschwanz. *Sa mittags, So und Mo geschl. | Rue des Carmélites 93 | Tel. 02 346 66 15 | www.bon-bon.be | Tram 4, 23, 24: Vanderkindere*

LE CHALET DE LA FORÊT [130 C3]
Coralie De Valkeneer hat das traumhafte Ausflugslokal der Jahrhundertwende cool gestylt. Ehemann Pascal kreiert saisonale Gerichte mit einem Hauch Exotik. Wundervolle Terrasse im Grünen, elegantes Publikum. *Sa und So geschl. | Drève de Lorraine 43 | Tel. 02 374 54 16 | www.lechaletdelaforet.be | Taxi oder Auto*

NOTOS ⭐ [128 A3]
Verblüffende griechische Nouvelle Cuisine, dazu die feinsten Barrique-Weine aus Hellas. Zauberhafter Art-déco-Rahmen, separate Tische für ein Tête-à-tête. Die Brüsseler Feinschmecker laufen Sturm, deshalb Tage im Voraus reservieren. *So, Mo*

MARCO POLO HIGHLIGHTS

⭐ **Comme chez Soi**
Überaus sympathischer Gourmettempel (Seite 56)

⭐ **Bon-Bon**
Kreative Küche eines Shootingstars (Seite 55)

⭐ **Callens Café**
Brüsseler Küche frisch und trendy (Seite 60)

⭐ **Le Fourneau**
Schlange stehen zum Häppchen-Happening (Seite 61)

⭐ **Notos**
Absolute Spitze: griechische Nouvelle Cuisine (Seite 55)

⭐ **Museumbrasserie**
Sternekoch tischt im Kunsttempel auf (Seite 57)

⭐ **Sea Grill**
Eines der besten Fischrestaurants der Welt (Seite 56)

⭐ **Villa Natka**
Szentreff am Swimmingpool (Seite 59)

RESTAURANTS €€

geschl. | Rue de Livourne 154 | Tel. 025 13 29 59 | www.notos.be | Tram 94: Bailli

LE VIGNOBLE DE MARGOT [O]
Frische Meeresfrüchte und mediterran angehauchte Fischgerichte, serviert in einem Bauhaus-Tempel. Vom Hügel weiter Blick auf Weiher im Grünen. Ein Traum bei Sonnenuntergang, vor allem auf der Terrasse. *Sa mittags, So geschl. | Av. de Tervueren 368 | Tel. 027 79 23 23 | www.levignobledemargot.be | Tram 44: Dépôt de Woluwé*

RESTAURANTS €€€

AL BARMAKI [123 E4]
Brüssels ältestes libanesisches Restaurant bleibt auch sein bestes. In elegantem Rahmen kann man eine Riesenauswahl leckerer *mézé*-Gerichte

> GOURMETTEMPEL
Kulinarische Perfektion, stilvoller Service

BRUNEAU [120 B4]
Jean-Pierre Bruneau tischt bei den Galadiners des Königs das Beste vom Besten auf – und in seinem luxuriösen Haus mit schickem Garten. Menüs ab 95 Euro. *Di und Mi geschl. | Av. Broustin 73–75 | Tel. 024 21 70 70 | www.bruneau.be | Metro 2: Simonis*

CLAUDE DUPONT [120 A4]
In einem schönen Patrizierhaus zelebrieren Vater und Sohn Dupont die klassische französische Haute Cuisine. Menüs ab 45 Euro. *Mo und Di geschl. | Av. Vital Riethuisen | Tel. 024 26 00 00 | www2.resto.be/claudedupont | Metro 2: Simonis*

COMME CHEZ SOI ★ [123 D5]
Pierre Wynants, der Doyen der belgischen Haute Cuisine, hat die Leitung Schwiegersohn Lionel Rigolet übertragen, der behutsam neue Akzente setzt. Weiterhin bester Weinkeller Brüssels und charmanter Service. Menüs ab 67 Euro. *Mi mittags und So, Mo geschl. | Place Rouppe 23 | Tel. 025 12 29 21 | www.commechezsoi.be | Metro: Anneessens*

L'ÉCAILLER DU PALAIS ROYAL [123 F5]
Altes Haus am Sablon. Im Lieblingslokal von Diplomaten und EU-Spitzenbeamten werden klassische Fischgerichte serviert. Kein Menü, à la carte ca. 90 Euro für drei Gänge. *So geschl. | Rue Bodenbroeck 16 | Tel. 025 12 87 51 | www.lecaillerdupalaisroyal.be | Tram 92, 94: Petit Sablon*

SEA GRILL ★ [123 F3]
Stilvolles, modernes Ambiente, phantasievolle Zubereitungen delikater Fische. Menüs ab 44 Euro. *Sa und So geschl. | Rue du Fossé-aux-Loups 47 (Radisson-SAS-Hotel) | Tel. 022 27 31 20 | www.radissonsas.com | Metro: De Brouckère*

VILLA LORRAINE [O]
Efeuumrankte alte Villa am Rand des Forêt de Soignes. Kreative Nouvelle Cuisine und diskrete Atmosphäre. Beliebt bei Brüssels Hochfinanz und Spitzenpolitikern. Menü ab 85 Euro. *So geschl. | Av. du Vivier d'Oie 75 | Tel. 023 74 31 63 | www.villalorraine.be | Bus: 41 Gendarmes*

ESSEN & TRINKEN

Bij den Boer: Zuverlässig gute Qualität bietet das Restaurant am Fischmarkt

probieren. *Mittags, So geschl. | Rue des Eperonniers 67 | Tel. 025 13 08 34 | Metro 1A/B: Gare Centrale*

BIJ DEN BOER [123 D2]
Am touristischen Fischmarkt eine verlässliche Adresse. Gute Qualität, auch modernere Zubereitungen (z. B. Kabeljau in Olivenöl gegart). *So geschl. | Quai aux Briques 60 | Tel. 025 12 61 22 | www.bijdenboer.com | Metro 1A/B: Sainte-Catherine*

BUCA DI BACCO [0]
Leichte italienische Küche, serviert in einem wunderbaren Jugendstilhaus. Immer voll. *Sa mittags, Mo geschl. | Tel. 022 42 42 30 | Av. Louis Bertrand 65 | Tram 92: Saint-Servais*

COSPAIA [127 F1]
Traumhafte Einrichtung in Schwarz und Weiß, Bar und Lounge mit Jetset-Glamour, angenehme Terrasse – und eine moderne, leichte Küche mit exotischen Anklängen. Schöne Auswahl an Champagnern und Weinen. *So mittags geschl. | Tel. 025 13 03 03 | Rue Capitaine Crespel 1 | www.cospaia.be | Metro 2: Louise*

LES FLÂNERIES GOURMANDES [127 F2]
Schlicht, aber nett eingerichtetes Lokal, sehr kreative, leichte Küche. Besonders lecker sind die Desserts und Bioweine. Von 15 bis 18 Uhr gibt es auch ausgefallene Snacks und Patisserien. *Mo mittags, Di geschl. | Tel. 025 37 32 20 | Rue Berckmans 2 | Tram 92, 94: Stéphanie*

MUSEUMBRASSERIE ⭐ [123 F5]
Spektakuläres Design in alten herrschaftlichen Salons, zwei mit Blick auf den vornehmen Platz. Starkoch Peter Goossens serviert pfiffige Neuinterpretationen der belgischen Küche wie Schweinefuß-Kroketten oder Spargelcremesuppe mit Räucheraal. Netter Service. *Kein Ruhetag | Tel. 025 08 35 80 | Rue du Musée 9 | www.museumfood.be | Tram 92, 94: Royale*

RE-SOURCE [123 D4]
Modern und dennoch warm gestylt mit Backsteinwand und Parkett-

RESTAURANTS €€

boden. Die Küche mischt gekonnt belgische und exotische Zutaten. Trendlokal der Unterstadt. *Sa mittags, So geschl.* | *Rue du Midi 164* | *Tel. 025 14 32 23* | *www.restaurantresource.be* | *Metro: Anneessens*

ROUGE TOMATE [128 B3]
Modern gestyltes Patrizierhaus, große Gemälde in warmen Tönen, zauberhafte Beleuchtung. Kreative *cuisine minceur* (Leckeres zum Schlankwerden) mit Bioprodukten und Olivenöl. Vegetarische Gerichte überwiegen. Herrlicher Garten. Intreff von Brüssels *Bobos.* Unbedingt reservieren. *Sa mittags, So geschl.* | *Av. Louise 190* | *Tel. 026 47 70 44* | *www.rougetomate.com* | *Tram 94: Bailli*

SISTER ACT [123 E5]
Traumhaftes Szenelokal, im Erdgeschoss um eine Bar, im ersten Stock mit Kaminfeuer und Blick auf Musikkonservatorium und Synagoge. Leichte belgisch-französische Brasserieküche. *Mi geschl.* | *Rue de la Régence 25* | *Tel. 025 03 13 78* | *www.sisteract.be* | *Tram 92, 94: Petit Sablon*

IN 'T SPINNEKOPKE [123 D3]
Das alte Haus voll liebenswürdigem Trödel bietet vor allem Brüsseler Gerichte, die in Bier geschmort sind (z. B. Kaninchen: *lapin à la gueuze),* auch vorsichtige neue Akzente wie *perdreau à la bière de framboise* (Rebhuhn in Himbeerbier). Dazu mehr als 100 Stark- und Abteibiere. Alt-Brüsseler Publikum und junge *Bobos.* Terrasse. *Sa mittags geschl.* | *Place du Jardin-aux-fleurs 1* | *Tel. 025 11 86 95* | *www.spinnekopke.be* | *Metro: Anneessens*

TAVERNE DU PASSAGE [123 E3]
Brüsseler Traditionslokal in reinem Art déco, zu dem die Kellner in ihren weißen Jacken mit Goldtressen passen. Typische Brüsseler Spezialitäten (insbesondere Kalbsbrieschen), hervorragende Weinkarte. Terrasse mitten in den prächtigen Galeries Saint-Hubert. *Juni–Juli Mi–Do geschl.* | *Galerie de la Reine 30* | *Tel. 025 12 37 31* | *Metro: De Brouckère*

Nobel: Selbst die Kellnerjacke passt zum reinen Art-déco-Stil in der Taverne du Passage

ESSEN & TRINKEN

TOUCAN BRASSERIE ▶▶ [128 A5]
Stilvoller Szenetreff mit kreativer belgisch-französischer Küche. Netter Service, tolle Stimmung – unbedingt reservieren. Angesagte Terrasse zum Kaffeetrinken und für Aperitif. *Kein Ruhetag | Avenue Louis Lepoutre 1 | Tel. 02 34 53 0 17 | www.toucanbrasserie.com | Bus 60: Tenbosche*

VILLA NATKA ⭐ ▶▶ [0]
Der absolute Szenetreff dank luxuriöser Lounge und Bar-Terrasse am Swimmingpool – und trotzdem lässig. Die gute mediterrane Küche können Sie auch in Form von Häppchen genießen. *Sa mittags, So geschl. | Chaussée de Waterloo 1020 | Tel. 02 374 93 96 | www.villanatka.be | Bus 41: Montana*

VIMAR [125 D6]
Fischrestaurant weitab vom Fischmarkt. Sehr kreative Zubereitung, beste Zutaten (gedämpfter Lachs mit Honig und Ingwer, Rogen mit Jakobsmuschel-Füllung, Foie gras mit gratinierten Austern). Es wird auch ein preisgünstiges Menü angeboten. *Sa, So geschl. | Place Jourdan 70 | Tel. 022 31 09 49 | Metro 1A/B: Schuman*

■ RESTAURANTS €
ARCADI [123 E3]
Das gemütliche Restaurant ist ideal fürs Essen vor oder nach der Oper oder dem Kino. Etwas eng und immer voll. Spezialität sind *tartes* nach arabischer, italienischer oder provenzalischer Zubereitung, viele vegetarisch. *Kein Ruhetag | Rue d'Arenberg 1b | Tel. 025 11 33 43 | Metro 1A/B: Gare Centrale*

CAFÉ PANISSE [127 F4]
Auch wenn es regnet: Hier herrscht sonnige provenzalische Atmosphäre, mit Pastis, Pizza und Pasta und einer Bedienung, die sofort Ferienstimmung aufkommen lässt. *Sa mittags, So mittags geschl. | Rue du Tabellion 31 | Tel. 025 39 39 10 | www.cafepanisse.com | Tram 81: Trinité*

▶ LOW BUDGET

▶ Wer im Sternerestaurant speisen möchte, ohne sich zu ruinieren, bekommt in fast allen einen preiswerten Lunch, bei dem auch Wein und Kaffee inbegriffen sind.

▶ Das cool gestylte *Café National* (*Mo–Fr 12–14 Uhr* | [123 E2] *Boulevard Jacqmain 111–115* | im *Théâtre National*) serviert mittags ein orientalisches Büffet. Für 10 Euro darf man so viel essen, wie man will. Vor den Vorstellungen, ab 17.30 Uhr, kostet der Spaß 12 Euro.

▶ Beliebt ist die Fisch-Imbissstube *De Noordzee* (*Mo–Do 10–18 Uhr, Fr–So 10–21 Uhr* | [123 D3] *Rue Sainte-Catherine 45*) mit preiswerten, frischen Köstlichkeiten.

▶ Schmackhafte, gesunde Gerichte tischt *Caravan* (*Di–Sa 10–01 Uhr* | [123 D3] *Rue Anneessens 2*) auf.

▶ Ein regelrechter Trend sind Suppenbars, die auch belegte Brote zu kleinem Preis servieren. Fast alle sind ab 18 Uhr und am Sonntag geschlossen. Eine Schale Suppe kostet zwischen 3 und 6 Euro, z. B. in der *Bar Sabir* (*Mo–Sa 12–15 Uhr, Mi–Sa auch 18–22 Uhr* | [123 D2/3] *Rue de Flandre 12*) und in der *Soepbar* (*Do–Di 10–18.30 Uhr* | [123 E6] *Rue Haute 89*).

RESTAURANTS €

CAFÉ DES SPORES [127 D4]

In der stimmungsvollen alten Weinhandlung können Sie viele gute Tropfen probieren. Hauptattraktion sind allerdings die zahllosen Pilzgerichte. *So geschl.* | *Chaussée d'Alsemberg 103* | *Tel. 025 34 13 03* | *Metro: Horta*

CALLENS CAFÉ ★ ▶▶ [128 B5]

Cool gestylte Räume (der zweite ist ruhiger), im Sommer Tische auf dem Rasen. Typische Brüsseler Brasserieküche, aber immer mit frischem Salat oder Gemüse. Beliebter Szenetreff, sympathischer Service. Wer nicht (rechtzeitig) reserviert, kann an der

> SPEZIALITÄTEN
Genießen Sie die typisch Brüsseler Küche!

PLATS (SPEISEN)

anguilles au vert – gekochter Aal in Petersiliensauce

asperges à la flamande – Spargel mit Sauce aus Butter, Ei, Petersilie

boudins à la bruxelloise – Blut- und Weißwurst mit Apfelkompott

cabillaud à la bière – Kabeljau mit Zwiebeln und Dörrfleisch in Bier gegart

caricolles – Meeresschnecken in würzigem Sud

chicons (auch witloof) – Chicorée, gekocht, gedünstet, gebraten, in Sahnesauce oder überbacken

croquettes de crevettes – in Butter gebackene Kroketten aus grauen Garnelen und Béchamel

faisan à la brabanconne – geschmorter Fasan mit Chicorée

lapin à la gueuze – Kaninchen in säuerlichem Brüsseler Bier geschmort

lièvre à la Royale – Hasenbraten in Blut-und-Burgunder-Sauce

merlans à la bruxelloise – Wittlingfilets in einer Sauce aus Sahne und Abteikäse

moules-frites – Muscheln in verschiedenen Zubereitungen mit Fritten (Foto)

poutargue – Toast mit einer Crème aus Fischeiern und Butter

ris de veau Archiduc – gebackene Kalbsbrieschen mit gesottenem Gemüse

stoemp – Kartoffelpüree mit verschiedenen Gemüsen

tartine au fromage blanc – Bauernbrot mit Quarkaufstrich, dazu Zwiebeln und Radieschen

coucou de Bruxelles à la bière – Freilandhähnchen mit Dörrfleisch und Zwiebeln, in Bier geschmort

crème bruxelloise – Rosenkohl-Sahne-Suppe

BOISSONS (GETRÄNKE)

gueuze – champagnerartig gereiftes, säuerliches Bier

half-en-half – Aperitif aus Schaumwein und Weißwein

kriek – *gueuze* mit Kirschsaft

ESSEN & TRINKEN

netten Bar warten. *Sa mittags, So geschl.* | *Avenue Louise 480* | *Tel. 026476668* | *Tram 94: Legrand*

CANTINE DE LA VILLE [127 D1]
Atmosphäre der Fifties, belgische Brasserieküche und mediterrane Gerichte im Marolles-Viertel. Sehr kinderfreundlich. *Kein Ruhetag (So nur 10–17 Uhr!)* | *Rue Haute 72* | *Tel. 025128898* | *Metro 2: Porte de Hal*

LE FOURNEAU ⭐ ▶▶ [123 D2]
Man sitzt rund um die offene Küche, schaut und bestellt kleine Häppchen, Preise per Gewicht. Absolut in und überlaufen – aber keine Reservierung möglich, was Schlangestehen bedeutet. *So, Mo geschl.* | *Place Sainte-Catherine 8* | *Tel. 025131002* | *Metro 1A/B: Sainte-Catherine*

LE PERROQUET [123 E5]
Man sitzt etwas eingezwängt in herrlichem Jugendstilambiente. Große Auswahl an leckeren Salaten sowie guter „Vin du Patron" aus dem Rhône-Tal. Junges, lebenslustiges Publikum. Terrasse. *Kein Ruhetag* | *Rue Watteau 31* | *Tel. 025 12 99 22* | *Tram 92, 94: Petit Sablon*

PLATTESTEEN [123 E3]
Urige Brasserie mit Terrasse, einfache Gerichte wie Suppen, *stoemp* (Kartoffelpüree mit Gemüse), Steak. Preiswerte Tagesgerichte und Kindermenüs. *Kein Ruhetag* | *Tel. 025128203* | *Rue Marché-au-Charbon* | *Metro: Bourse*

QUENTIN PAIN ET VIN ▶▶ [127 F4]
Trendy Weinbar im Szeneviertel Place du Châtelain, phantasievoll belegte Brote, leckere Häppchen (Parmesan mit Honig und weißen Trüffeln!). **Donnerstags Champagnerbar und Disko.** (Insider Tipp) *So, Mo geschl.* | *Rue du Page 7* | *Tel. 025378597* | *Tram 94: Bailli*

Ganz frisch: Brüsseler Meeresfrüchte

RACONTE-MOI DES SALADES ▶▶ [128 A4]
An Brüssels „In"-Platz in einem hübschen alten Haus mit Garten gelegen. Große Auswahl an Salaten, gute Nudelgerichte. Ein Szenetreff, begehrt sind die Tische am Fenster zum Platz. *So geschl.* | *Pl. du Châtelain 19* | *Tel. 025 34 27 27* | *Tram 94: Bailli*

> SHOPPING: EIN GENUSS

Die Weltstadt bietet alles, insbesondere Reizvolles „made in Brussels" wie Feinkost und Pralinen

> **Es gibt Traditionshäuser und durchgestylte Boutiquen der internationalen Modeschöpfer, einheimische Nobeljuweliere und phantastische junge Talente, romantisches und cooles Ambiente.**

Einige Geschäfte residieren in den historischen Ladenpassagen und an den eleganten Prachtstraßen, andere muss man etwas abseits aufspüren, in der *Rue Antoine Dansaert* oder im Herzen der Yuppie-Hochburgen um die *Place Georges Brugmann* und die *Place du Châtelain*. Spitzenniveau haben die Antiquitätenhändler um die *Place du Grand Sablon*, vor allem die für außereuropäische Kunst. Das volkstümliche *Marolles-Viertel* ist das Eldorado der preisgünstigeren Antiquitäten.

Über die Stadt verstreut gibt es aufregende Galerien für zeitgenössische Kunst und attraktive Viktualienmärkte. Legendär sind die Feinkost- und Pralinengeschäfte. In der *Rue de*

Bild: Buchhandlung „Tropismes"

EINKAUFEN

Brabant [114 A1] bilden die Läden arabischer, jüdischer und türkischer Händler einen echten Basar, der am Wochenende Kauflustige aus ganz Westeuropa anlockt.

Insider Tipp

In der schicken Oberstadt sowie in der volkstümlicheren Unterstadt gibt es zahlreiche Einkaufszentren und Ladenpassagen. Die ältesten und edelsten sind die *Galeries Saint-Hubert* und die *Galerie Bortier* bei der Grand' Place. Die meisten Geschäfte haben Montag bis Samstag von 10 bis 18.30 Uhr geöffnet; sonntags haben Bäckereien, Metzgereien und Tante-Emma-Läden auf. Kreditkarten werden gern akzeptiert.

■ ANTIQUARIATE & BÜCHER ■
FILIGRANES [124 B4]
Die größte Buchhandlung der Stadt, mit Sonderabteilung preisreduzierter Bücher. Kinderecke, Cafeteria und Weinbar. Auch sonntags geöffnet.

Insider Tipp

62 | 63

COMICS

Avenue des Arts 39–40 | Metro: Arts-Loi

MOREL DE WESTGAVER [123 E4]
Das führende Haus für alte Ausgaben belgischer Autoren und zur belgischen Geschichte. *Rue Saint-Jean 41 | Metro 1A/B: Gare Centrale*

stelldienst. *Rue de la Madeleine 29 | Metro 1A/B: Gare Centrale*

TROPISMES [123 E3]
Die beste Adresse für französische und belgische Literatur und Geisteswissenschaften. Exklusive Treffen mit Star-Autoren. *Galerie des Princes 11, Galeries Saint-Hubert | Metro: De Brouckère*

Im Atelier de Moulages ist alles aus Gips, reinweiß oder auch bemalt

PÊLE-MÊLE [123 D4]
Riesiger Laden für alte Bücher und Comics aller Gattungen, LPs und CDs zu Spottpreisen. *Bd. Maurice Lemonnier 55 | Metro: Anneessens*

POSADA [123 E4]
Auf drei engen Etagen das Eldorado für Kunstbücher und -kataloge. Vorzügliche Beratung, effizienter Be-

COMICS

LA BANDE DES SIX NEZ ★ [128 C1]
Einer der ältesten Läden, der die „neunte Kunst" ins Herz geschlossen hat. Die neuesten Alben und Hefte, antiquarische Originalausgaben und -zeichnungen. Gute Auswahl an Li-

> www.marcopolo.de/bruessel

EINKAUFEN

thografien und Objekten. *Chaussée de Wavre 179 | Bus 34: Parnasse*

BRÜSEL [123 E3]
Nach einem lustigen Stadtporträt von François Schuiten benannt. Das größte Angebot der Produktion kleiner, unabhängiger Häuser mit oft spritzigen Autoren. Nette Leute. *Bd. Anspach 100 | Metro: Bourse*

■ DELIKATESSEN

BEER MANIA ★ [124 B6]
Über 400 Biersorten stehen hier zur Auswahl, darunter die leckeren hellen und dunklen Biere belgischer Abteien wie Chimay oder Orval, die ganz und gar biologisch und traditionell gebraut werden. Nette Probierstube. *Chaussée de Wavre 174 | Metro 2: Porte de Namur*

MIG'S WORLD WINES [127 F2]
Aus 20 Ländern, darunter dem Libanon, Mexiko und Uruguay, stammen die feinen Tropfen in diesem sympathischen Laden. Der Clou: belgische grands-crus, Spitzengewächse renommierter Weingüter, die immer öfter angebaut werden. Freundliche Beratung, hübsche Geschenkverpackungen. *Chaussée de Charleroi 43 | Tram 92: Stéphanie*

Insider Tipp

O & CO. [123 E3]
Über 100 verschiedene Olivenölsorten. Alle sind kaltgepresst und werden in hübschen Flaschen oder Metalldosen abgefüllt. Ferner eingelegte Oliven und Seifen. *Rue au Beurre 28 | Metro: Bourse*

■ GESCHENKE & SOUVENIRS

ATELIER DE MOULAGES ★ [125 F5]
Auf der Rückseite der Königlichen Museen für Kunst und Geschichte im Parc du Cinquantenaire liegt das Gipsatelier. Preisgünstige Abgüsse herrlicher Originale, von kleinen Skarabäen bis zu ausgewachsenen Apollos, reinweiß oder originalgetreu bemalt. *Di, Mi, Fr 9.30 bis*

MARCO POLO HIGHLIGHTS

★ **Atelier de Moulages**
Preiswerte Gipsabgüsse klassischer Meisterwerke (Seite 65)

★ **La Bande des Six Nez**
Der ausgefallenste Laden für Comics, auch Originale (Seite 64)

★ **La Boîte à Musique**
Eines der größten Geschäfte für klassische Musik in Europa (Seite 68)

★ **Dandoy**
Himmlisch duftende Zuckerbäckerei (Seite 69)

★ **Beer Mania**
Belgiens beste Biere, auch zum Probieren vor dem Kauf (Seite 65)

★ **Marcolini**
Kreative Pralinen und edle Bitterschokolade (Seite 69)

★ **Olivier Strelli**
Schicke Kreationen vom Grand Old Man der Brüsseler Mode (Seite 68)

★ **Place du Jeu de Balle**
Riesiger, farbenfroher Antiquitäten- und Trödelmarkt (Seite 67)

INNENARCHITEKTUR & DESIGN

12, 13.30–16 Uhr, Do 9.30–18 Uhr | Parc du Cinquantenaire 10 | Metro 1A/B: Mérode

Insider Tipp
LA MAISON DU BRIDGE [128 A3]
Riesenauswahl an Karten- und Gesellschaftsspielen. *Rue du Bailli 61 | Tram 94: Bailli*

In Brüssel trägt Frau gerne Hut

MANUFACTURE BELGE DE DENTELLES [123 E2]
1810 gegründetes Haus, das noch handgeklöppelte belgische Spitze führt. Sündhaft teuer! *Galerie de la Reine 6–8 | Metro: De Brouckère*

PLAIZIER [123 E4]
Hier finden Sie Postkarten mit Fotos vom alten Brüssel, Büchlein und Poster zum Jugendstil, ausgefallene Schreibwaren und Spielzeug. Ideale kleine Geschenke. *Rue des Eperonniers 50 | Metro 1 A/B: Gare Centrale*

SENSES ART NOUVEAU [123 E5]
Originalgetreue Kopien von Jugendstilschmuck, -leuchtern und -vasen zu zivilen Preisen. Ferner Bücher und Postkarten zum Thema. Sonntags geöffnet. *Rue Lebeau 31 | Tram 92, 94: Petit Sablon*

WASKO [123 D2]
Kitsch und *camp* in Riesenauswahl, von knallbunten Tragetaschen und viktorianischen Bildchen bis zu Buddhakerzen und Kaffeebechern. *Rue Antoine Dansaert 126 | Metro: Bourse*

INNENARCHITEKTUR & DESIGN

DÉPÔT-DESIGN [122 C2]
In einem alten Lager werden stark preisreduzierte Designermöbel verkauft, u. a. Kopien der Costes-Stühle von Philippe Starck und der Eileen-Grey-Tischchen. *Quai du Hainaut 19 | Metro: Comte de Flandre*

DROGUERIE LE LION [123 E2]
Suchen Sie ein Färbemittel, die genau richtige Holzbeize, das richtige Wachs für Ihre Antiquitäten? Seit über 150 Jahren werden sie hier fachkundig angeboten. *Rue de Laeken 55 | Metro: De Brouckère*

NEW DE WOLF [123 E5]
Das Herz aller Einrichtungsfans schlägt hier höher. Ausgefallene (Eisen-) Möbel, marokkanische Kissen,

> **www.marcopolo.de/bruessel**

EINKAUFEN

russische Leuchter, je nach Saison anders – aber stets preiswert. *Rue Blaes 40 und Rue Haute 91 | Bus 48: Chapelle*

■ KUNSTGALERIEN

CAPA [123 E5]
Kleine Bronzeplastiken junger spanischer Künstler zu kleinen Preisen. *Rue de la Régence 61 | www.capaesculturas.com | Tram 92, 94: Petit Sablon*

CONTRETYPE [127 E5]
Führende Fotogalerie. Hier finden regelmäßig Ausstellungen junger belgischer und internationaler Künstler statt. Gute Auswahl an Fachbüchern. *Avenue de la Jonction 1 | www.contretype.org | Tram 92: Ma Campagne*

DÉRAPAGES [128 A3]
Eine pfiffige Idee: viereckige Gemälde von mehreren Dutzend Künstlern in jeweils vier Formaten, fester Preis pro Format 49 bis 247 Euro, gerahmt 71 bis 289 Euro. *Rue du Bailli 98 | www.derapages.com | Tram 81: Trinité*

■ MÄRKTE

Für Besucher, die mehr über den Alltag von Brüssel und den seiner Bewohner erfahren möchten, sind die Märkte genau das Richtige, da einige auch in abgelegenere Bezirke führen.

ANTIQUITÄTEN
★ *Place du Jeu de Balle* im Marolles-Viertel [123 D6] tgl. 6–14 Uhr. Wochentags ist in der Früh das Angebot am besten, Sa und So gegen Mittag das Publikum.

Place du Grand Sablon [123 E5], Sa 9–18 Uhr, So 9–14 Uhr. Etwas gehobeneres Angebot.

LEBENSMITTEL
Gare du Midi [122 B–C5] So 6–13 Uhr. Ein Muss, wie die Brüsseler sagen. Flämische Gemüsebauern und viele arabische, griechische, italienische und spanische Händler. Immigranten, Bohemiens und Touristen mischen sich hier: Bombenstimmung, mittelmäßige Produktqualität.

Place du Châtelain [127 F4] Mi 14–19 Uhr. Viele Biobauern aus Brabant (vorzügliche Milchprodukte, hausgemachte Marmeladen, leckere tartes), sehenswertes Yuppie-Publikum, das sich (aus-)kennt. **Insider Tipp**

Place Flagey [128 C3] Di–So 7–13 Uhr, Sa und So Künstler- und Uni-Publikum.

Place Sainte-Catherine [123 D3] tgl. 7–17 Uhr.

Place Wiener [O] So 9–14 Uhr, im Künstler- und Intellektuellenbezirk Watermael-Boitsfort. Selbst gemachte Biowaren, große Auswahl an Rohmilchkäse, Feines aus Italien und Nordafrika, tolle Gewürze und Kräuter. **Insider Tipp**

■ MODE

LES ENFANTS D'EDOUARD [128 B3]
Riesige und gute Auswahl an (nur kurz) getragener Designerkleidung. Ausgesprochen preiswert. *Av. Louise 175–179 | Tram 94: Bailli*

MARTIN MARGIELA [123 D2]
Der bahnbrechende Avantgardist, der gerne alte Kleidung recycelt, hat weltweit nur drei eigene Boutiquen in strengem Design. Auch tolle **Insider Tipp**

MUSIK

Basics. *Rue Léon Lepage 40 | Metro: Bourse*

OLIVIER STRELLI ⭐ [128 A2]
Seit über 30 Jahren entwirft Nissim Israel, der Designer von Olivier Strelli, leger-elegante Kleidung für Damen und Herren in ausgefallenen Stoffen und oft gewagten Farben. Berühmt sind die gemusterten Kaschmirschals. Der letzte Schrei: das eigene Eau de toilette. Königin Paola und Belgiens Prinzessinnen sind Fans. *Avenue Louise 72 | Tram 92, 94: Stéphanie*

PEOPLE SHOES DESIGN [123 D4]
Baskets, elegantere Sportschuhe, trägt man sogar zum Anzug. Was gerade ist, gibt's hier. *Rue du Lombard 14 | Metro: Bourse*

LE SHOP DE CHRISTOPHE COPPENS [123 D2]
Immer neue, gewagte Hüte, Kappen, Schals, Gürtel und neuerdings Krawatten und andere Accessoires für Herren finden auch in Paris, New York, Tokio und Schanghai reißenden Absatz. *Rue Léon Lepage 2 | Metro: Bourse*

STIJL [123 D3]
Eine Institution, mit der der Aufstieg der Rue Dansaert begann. Noch immer tonangebend für die jüngste belgische Mode. *Rue Antoine Dansaert 74 | Metro: Bourse*

Y-DRESS [123 D2]
Geometrisch gestylte Kleider und Unterwäsche, oft mit witzigen oder politischen Aufdrucken, einer polyglotten Polin. *Rue Antoine Dansaert 102 | Metro: Bourse*

■ MUSIK
LA BOITE À MUSIQUE ⭐ [123 F4]
Klassische Musik. Riesenauswahl. Spannende Aufnahmen belgischer Interpreten, eigene CD-Labels „Pavane" und „Musica fiata" (über 200

Dandoy: Hier bekommen Sie die besten hausgemachten Butterkekse der Welt

EINKAUFEN

Titel). *Coudenberg 74 | Metro 1A/B: Gare Centrale*

MUSIC MAN [123 E4]
Spezialladen für alte und neue LPs, insbesondere Dance, Electro, House, Techno und Trance. *Plattesteen 6 | Metro: Bourse*

■ SÜSSES

DANDOY ★ [123 E3]
1826 gegründet, vier Jahre vor dem belgischen Staat. Das Interieur hat sich kaum verändert. Elegante Damen der Brüsseler Oberschicht und fotografierende japanische Touristen treten sich auf die Füße. Schnippische Verkäuferinnen packen die besten hausgemachten Butterkekse der Welt ein. Typische Spezialitäten sind *pain à la grecque,* ein feines Zimtgebäck mit Streuzucker, Mandelspekulatius und die marzipangefüllten *pavés de Bruxelles.* Ausgefallen: Marzipanbuchstaben und Spekulatius-Nikoläuse. *Rue au Beurre 31 | Metro: Bourse*

FABRICE COLLIGNON [128 B5]
Jahrelang die rechte Hand von Alain Ducasse in Paris, jetzt eine kleine, nette *chocolaterie* samt *salon de thé* in Brüssels Trendviertel. Spezialitäten sind ==Pralinen mit Fruchtgelee- und mit Kräuterfüllungen== (Basilikum, Lavendel, Meerrettich). *Chaussée de Waterloo 587 | Tram 4, 23, 24: Bascule*

Insider Tipp

IRSI [128 A3]
Himmlisch schmecken die *manons,* dicke Pralinen mit Buttercreme-Alkohol-Füllung. Ebenso berühmt: das Fruchtkonfekt *(pâtes de fruits)* der kleinen Traditionsconfiserie. *Rue du Bailli 15 | Tram 94: Lesbroussart*

MARCOLINI ★ [123 E5]
Cooles japanisches Design passt in Pierre Marcolinis Flagshipstore perfekt zu den streng geformten Pralinen und Verpackungen. In jeder Saison neue Füllungen. Schon ein Klassiker: die *saveurs du monde,* Täfelchen aus Bitterschokolade, für die der Meister die Kakaobohnen direkt bei ausgewählten Produzenten in diversen Ländern einkauft. *Rue des Minimes 1 | Tram 92, 94: Petit Sablon*

►LOW BUDGET

> Im Mai/Juni und September/Oktober packt die Brüsseler das Aufräumfieber. Bei stimmungsvollen *Braderies* verkaufen sie ihren Krimskrams – darunter so manches Schnäppchen. Orte und Daten in der Beilage *MAD* der Tageszeitung *Le Soir.*

> Exklusive Markenkleidung, wenn auch der vorigen Saison, verramscht *DOD* [128 A3], besonders günstig im Schlussverkauf (soldes) im Juli und Januar *(DOD Homme | Rue du Bailli 81–85 | DOD Femme | Rue du Bailli 64 | DOD Kids | Rue du Bailli 8).*

> Preiswertes Geschirr, Raumdekoration, Geschenke führt die *Dishes Factory (*[123 D2] *| Quai-aux-Briques 58).* Ebenso preiswert, aber originell pro Kilo Gewicht berechnet *La vaisselle au kilo (*[123 F5] *| Rue Bodenbroeck 8A).*

> Eine tolle Auswahl gebrauchter CDs, Spezialität Worldmusic, Jazz und Pop, hat *Arlequin.* [123 F5] *| Rue de l'Athénée 7-8*

> BIER, CROSSOVER, JAZZ UND OPER

Musik wird großgeschrieben in der lebendigen, multikulturellen Metropole

> Brüsseler Tradition schätzen Einheimische wie Touristen: *estaminets* genannte Bierlokale und Terrassencafés an den lebhaften Plätzen. Bei Sonnenuntergang wird ein anderes, jüngeres Brüssel wach. Es bevölkert alternative, wilde Multikultitreffs.

Dazu gehört eine phantastische Musikszene mit Jazz und Chanson, Pop, Techno, World und mehr. In angesagten Diskotheken, Bars und Lounges wird die Nacht zum Tag. Das Nachtleben findet im Modeviertel um die *Rue Antoine Dansaert* sowie im *Marolles-Viertel*, den Bezirken *Ixelles* und *Saint-Gilles* und rund um die klassischen Plätze *Sablon* oder *Grand' Place* statt.

Chanson- und Jazzkonzerte beginnen meist gegen 21 Uhr, in den Diskotheken wird es auf der Tanzfläche erst ab Mitternacht lebendig. Die Eintrittspreise liegen bei zehn Euro. Und außerdem: spannende Konzerte

Bild: Marché aux Poissons (Fischmarkt)

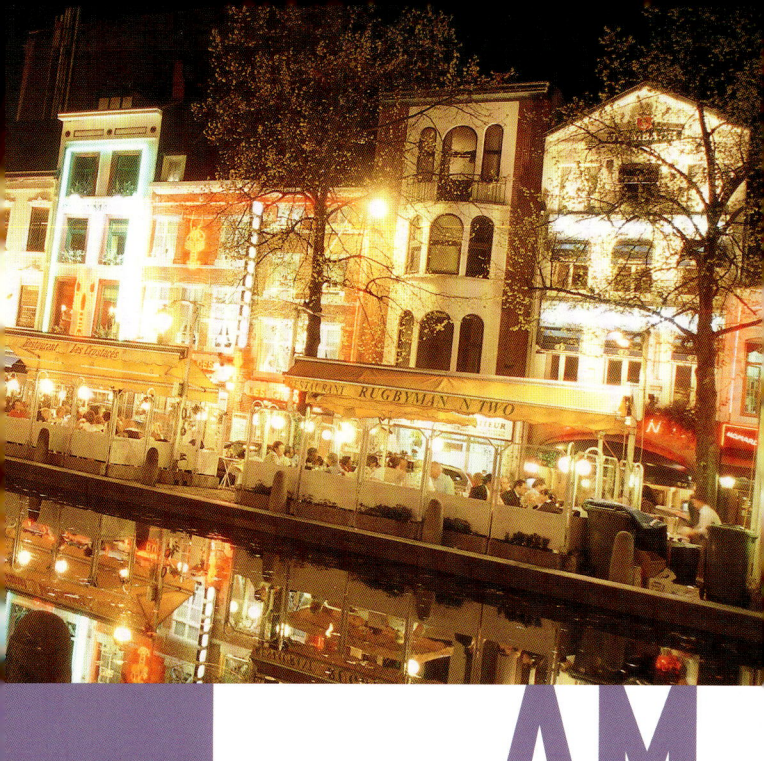

AM ABEND

klassischer Musik, eines der besten Opernhäuser der Welt, eine Tanzszene, die mit New York wetteifert, sowie Theater in Hülle und Fülle.

BARS & CAFÉS

L'AMOUR FOU [128 B2]
Lebhafter, gestylter Treff von Studenten und Künstlern, Grünen und jungen Handwerkern. Auf der Rückseite befindet sich ein komfortabler Salon für Tête-à-têtes. Herzhafte Imbisse. *Tgl. 9–2 Uhr | Chaussée d'Ixelles 185 | Bus 71: Fernand Cocq*

BRASSERIE VERSCHUEREN ▶▶ [127 D2]
Quirliger Szenetreff in altmodischem Ambiente. *Tgl. 8–2 Uhr | Parvis de Saint-Gilles 11–13 | Metro: Parvis de Saint-Gilles*

CAFÉ BELGA ★ [128 C3]
The place to be der intellektuell angehauchten *beau monde*. Gute Aus-

BARS & CAFÉS

Cirio: Glanz der Belle Époque zum perlenden *gueuze*

CIRIO [123 E3]
Aufgedonnerte Witwen, schlagfertige Clochards, Intellektuelle, Studenten treffen sich im Dekor der Belle Époque. Viel Stil und Ruhe. *Tgl. 10–3 Uhr | Place de la Bourse 18 | Metro: Bourse*

FLORIS BAR [123 E3]
Im Ausschank: 2000 Sorten Hochprozentiges, hauptsächlich Genever und Vodka, sowie Absinth, der teuflische Schnaps der Belle Époque, *Mi–Sa 20–6 Uhr | Impasse de la Fidélité 12 | Metro: De Brouckère*

Insider Tipp

LE GREENWICH [123 D3]
Im holzgetäfelten Rahmen spielen ältere Herren, wie einst Stammgast René Magritte, Schach, andere Gäste vertiefen sich in Zeitungen oder gedämpfte Konversation. *Tgl. 11–1 Uhr | Rue des Chartreux 7 | Metro: Bourse*

Insider Tipp

MAPPA MUNDO [123 D3]
Heißer Szenetreff an der modischen Place Saint-Géry. Terrasse, mehrere Etagen. Kontaktfreudige Atmosphäre. *Tgl. 10–3 Uhr | Rue du Pont de la Carpe 2–6 | Metro: Bourse*

A LA MORT SUBITE [123 F3]
Jacques Brel und Maurice Béjart kamen regelmäßig. Heute genießen Schauspieler, Studenten und Touristen im denkmalgeschützten Dekor der Belle Époque *gueuze* und *kriek* aus der eigenen Brauerei. *Tgl. 10 bis 1 Uhr | Rue Montagne-aux-Herbes-Potagères 7 | Metro: De Brouckère*

ROXI ▶▶ [128 A3]
Backstein, Edelstahl, Glas und rotes Leder schaffen das Ambiente des In-

wahl an Zeitungen. Getränke muss man selber an den Bars holen. *Tgl. 9.30–3 Uhr | Place Flagey 18 | Bus 71: Flagey*

LE CERCLE DES VOYAGEURS ⭐ [123 E4]
Koloniale Clubatmosphäre in einem Haus von 1695. Schwere Chesterfield-Sessel, dezente Worldmusik, gedämpftes Licht. Ideal zum ruhigen Plausch bei feinem Tee, Wein und Abteibier. *Tgl. 11–2 Uhr | Rue des Grands Carmes 18 | Metro: Bourse*

CHEZ RICHARD [123 E5]
Winziges Stammcafé der Sablon-Crowd. Terrasse. *Tgl. 7–4 Uhr | Rue des Minimes 2 | Tram 92, 94: Petit Sablon*

> www.marcopolo.de/bruessel

AM ABEND

treffs im trendy Châtelain-Viertel. Phantasievolle Cocktails und Gerichte. Regelmäßig Livekonzerte. *Tgl. 8–1 Uhr | Rue du Bailli 82 | Tram 94: Lesbroussart*

SISISI [127 E3]
Beliebt bei Brüssels Boheme und Studenten. Es gibt eine große Auswahl an Bieren und Cocktails sowie herzhafte Brasseriegerichte. Regelmäßig werden auch Diskoabende mit DJs angeboten. *Tgl. 11–4 Uhr | Chaussée de Charleroi 174 | Tram 92, 97: Janson*

L'ULTIME ATOME ▶▶ [128 B1]
Angesagter Treffpunkt von Studenten, Künstlern und Yuppies an einem Platz, der stark im Kommen ist. Nahrhafte kleine Gerichte. *Tgl. 9–1 Uhr | Rue Saint-Boniface 14 | Metro 2: Porte de Namur*

ZEBRA BAR ▶▶ [123 D3]
Dekonstruktivistisches Interieur für den etwas schrägeren Treff im schicken Modeviertel. Terrasse. *Tgl. 10 bis 4 Uhr | Place Saint-Géry 33–35 | Metro: Bourse*

■ CHANSON, POP & WORLD ■

ANCIENNE BELGIQUE [123 E3]
Jeden Abend Pop-, Rock-, Crossover-Konzerte von Stars, die noch keine Riesenhallen füllen. Club für Experimente. *Bd. Anspach 110 | Tel. 025 48 24 24 | www.abconcerts.be | Metro: Bourse*

LE BOTANIQUE [124 B2]
Die besten Chansonniers und Talente in schöner Umgebung. *Rue Royale 236 | Tel. 022 18 37 32 | www.botanique.be | Metro 2: Botanique*

LE CABARET AUX CHANSONS [123 E4]
Talente von Chanson, Ethno, World können in einem urigen Brüsseler Haus entdeckt werden. *Marché au Fromage 22B | Tel. 025 12 51 92 | Metro: Bourse, Gare Centrale*

LE CERCLE [123 E5]
Gemütliches Café-Théâtre, wie sie wieder populär werden. Abende mit jungen Chansonniers und Cabaretiers, sonntags philosophische Debatten. *Tgl. ab 20 Uhr | Rue Sainte-Anne 20 | Tel. 025 14 03 53 | Tram 92, 94: Petit Sablon*

MARCO POLO HIGHLIGHTS

★ **Le Fuse**
Eine der hottesten Diskos der Welt (Seite 75)

★ **Théâtre Royal de la Monnaie**
Faszinierende Oper in prächtigem Rahmen (Seite 77)

★ **Café Belga**
Intreff der Jeunesse dorée (Seite 71)

★ **Recyclart**
Spannende Crossover-Experimente in einem alten Bahnhof (Seite 74)

★ **Travers**
Tonangebender Jazzclub in ehemaligem Kinosaal (Seite 76)

★ **Le Cercle des Voyageurs**
Club zum Plaudern, Träumen und Genießen (Seite 72)

DISKOTHEKEN

MAGASIN 4 [123 E1]
Alternativer Rock, oft mit marokkanischem Einschlag. *Rue du Magasin 4 | Tel. 022 23 34 74 | www.magasin 4.be | Metro 2: Yser*

RECYCLART ⭐ [123 D–E5]
Brüssels *hot spot* für alles, was in keine stilistische Schublade passt. Die Umgebung – ein ehemaliger Bahnhof – wurde von Graffiti-Künstlern gestaltet. Alternatives Publikum, Studenten der Kunstakademie und *Bobos,* die auch die Bar schätzen. *Rue des Ursulines 25 | Tel. 025 02 57 34 | Metro: Anneessens*

LOS ROMANTICOS [123 D2]
Schicke Hochburg der Brüsseler Latinos, live toller Salsa und Samba. Auch Tanzkurse. *Tgl. 20–2 Uhr | Quai au Bois-à-brûler 5–7 | Metro 1A/B: Sainte-Catherine* — Insider Tipp

■ DISKOTHEKEN ■

LE CLARIDGE [124 C3]
Die tollsten Abende, wenn DJ Johnny die Gäste über die Musik abstimmen lässt. Ausgelassenes, trendbewusstes Publikum. *Mi–Sa ab 23 Uhr | Chaussée de Louvain 24 | Metro 2: Madou*

LE CLUB [124 A5]
Elegante Einrichtung, winzige Tanzfläche, Fusion-Musik. Bombenstimmung bei Champagner und kleinen Gerichten. Das smarteste Publikum der Stadt! *Mi–So 17–2 Uhr | Rue du Pépin 41 | Metro 2: Porte de Namur*

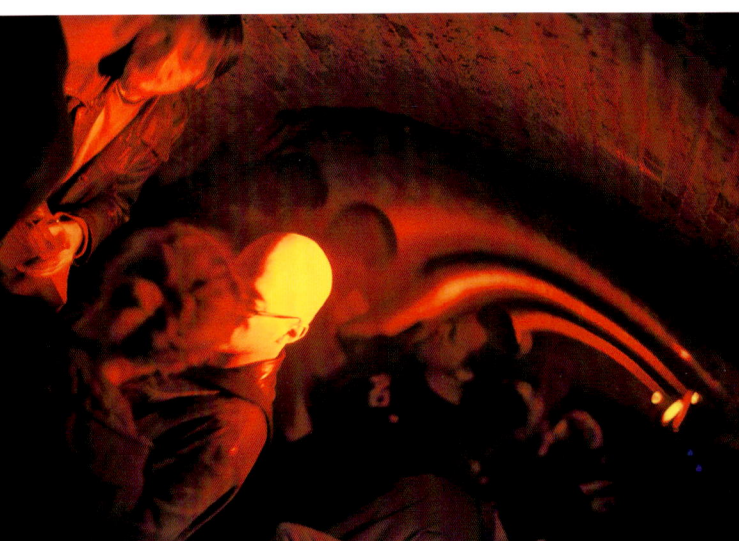
Heiß, eng, hip: eintauchen in die Unterwelt der nächtlichen Tanztempel

> www.marcopolo.de/bruessel

AM ABEND

LE FUSE ⭐ [123 D6]
Altes Kino für heißen Techno, den die besten DJs der Welt mixen. Je früher der Morgen, desto ausgelassener wird die Stimmung. Themennächte, manchmal für Gays. *Sa ab 22 Uhr | Rue Blaes 206 | Metro 2: Porte de Hal*

LOUISE GALLERY EVENT HALL [127 F1]
Wie ein Barockschloss eingerichtet ist dieser exklusive Treffpunkt für Leute aus Showbiz, Film und Mode. House, Groove und R 'n' B. *Do–So 23–7 Uhr | Galerie Louise 1 | Metro 2: Louise*

LE MIRANO CONTINENTAL [124 C3]
Umgebautes Kino mit Chrom und Glitzer. In der modernen Disko trifft man die hübschesten Mädchen und Jungen der Stadt – so heißt es zumindest. Um vom Türsteher eingelassen zu werden, muss man allerdings das gewisse Etwas besitzen. *Sa 23–5 Uhr | Chaussée de Louvain | Metro 2: Madou*

YOU [123 E4]
Ganz in Rosa und Rot, mit vielen Sofas und Sesseln für Loungeliebhaber, Retromusik. *Do–So 23–4 Uhr | Rue Duquesnoy 18 | Metro 1 A/B: Gare Centrale*

■ JAZZ

ATHANOR STUDIO [123 E3]
Cooles Kellerlokal, cooles Publikum für Crossover von Jazz und House. *Do–Sa ab 20 Uhr | Rue de la Fourche 17–19 | Tel. 04 78 99 58 20 | www.athanor.be | Metro: Bourse*

MUSIC VILLAGE [123 E3]
Gediegener Jazzclub mit Schwerpunkt Blues. *Mi–Sa ab 19 Uhr | Rue des Pierres 50 | Tel. 025 13 13 45 | www.themusicvillage.com | Metro: Bourse*

SOUNDS [128 B1]
Kleines Jazzcafé mit gemischtem Programm, von Aka Moon bis zu den Stars von morgen. *Tgl. ab 20 Uhr | Rue de la Tulipe 28 | Tel. 025 12 92 50*

> FUSSBALL IN BRÜSSEL ...
... ist bunt: lila-weiß und schwarz-rot

Brüssel hat gleich zwei Top-Fußballclubs, die viele Spieler der Nationalelf *Diables rouges* liefern. Der *Royal Sporting Club Anderlecht RSCA,* 1908 gegründet, wird nach den Trikotfarben *Les mauve et blanc* genannt. Fan-Lieblinge des 29-fachen belgischen Meisters sind derzeit der Stürmer Mbo Mpenza, der Mittelstürmer Walter Baseggio und der Verteidiger Olivier Deschacht. Einer der Stars der Vergangenheit war Paul van Himst. Heimspiele im *Stade Constant Vanden Stock (Parc Astrid)* | [127 F1] *Av. Théo Verbeeck 2* | *www.rsca.be* | Metro 1B: Saint-Guidon

Seit 1936 ewiger Gegner ist RWDM Molenbeek, 2004 in *FC Brussels* umgetauft. Die *Rouge et noir* haben Fußballlegenden wie Wesley Sonck, Franky van der Elst, Franky Vercauteren oder Marc Wuyts hervorgebracht. Heimspiele im *Stade Edmond Machtens* | [127 F1] *Rue Charles Malis 61* | *www.fc-brussels.be* | Bus 49: Leroy

KINO

| Metro: Porte de Namur | Bus 71: Fernand Cocq

TRAVERS ⭐ [128 C3]
Seit über einem Vierteljahrhundert Pionier der Szene, die spannendsten internationalen Trends in einem leer geräumten Kino. *Keine festen Öffnungszeiten. Théâtre Marni | Rue de Vergnies 25 | Tel. 026 39 09 89 | www.cyclone.be/travers | Bus 71: Flagey*

■ KINO

Die Filme laufen normalerweise in der Originalfassung mit Untertiteln. Der Preis für eine Kinokarte liegt bei 8,40 Euro.

ACTOR'S [123 E3]
Mehrere Autorenfilme pro Tag. *Petite Rue des Bouchers 16 | Tel. 090 02 78 54 | www.cinebel.com/ actors | Metro: Bourse*

CINÉMATHÈQUE ROYALE [123 F4]
Ein Muss für Filmfans. Riesiges Archiv, mehrere Vorführungen pro Tag, manchmal themenorientiert. Intimer Saal. *Rue Baron Horta 9 | Tel. 025 07 83 70 | www.cinematheque.be | Metro 1A/B: Gare Centrale*

NOVA [123 F3]
Kino für alle Undergroundproduktionen, schräges Café. *Rue d'Arenberg 3 | Tel. 025 11 24 77 | www.nova-cinema.com | Metro: De Brouckère*

Insider Tipp

■ KLASSIK & OPER

CONSERVATOIRE ROYAL [123 F5]
Interessante Kammerkonzerte internationaler Größen und manchmal verblüffende Auftritte jüngerer belgischer Talente. *Rue de la Régence 30 | Tel. 025 11 04 27 | Tram 92, 94: Petit Sablon*

FLAGEY [128 C3]
Bei exzellenter Akustik wird im Artdéco-Rahmen des alten Funkhauses Klassik bis World gespielt. *Place Flagey | Tel. 026 27 16 40 | www.flagey.be | Bus 71: Flagey*

PALAIS DES BEAUX-ARTS [123 F4]
Der eiförmige, große Konzertsaal, den Architekt Victor Horta in seinem Art-déco-Meisterwerk schuf, zählt zu den besten der Welt. Hier gastieren renommierte Orchester und Solisten Belgiens und der ganzen Welt. In den kleineren Sälen gibt es Auftritte junger Talente. *Rue Ravenstein 23 | Tel. 025 07 84 44 | www.bozar.be | Metro 1A/B: Gare Centrale*

> LOW BUDGET

> Arsène50 verkauft Eintrittskarten von über 100 Theatern und Veranstaltern zum halben Preis für Vorstellungen am selben Tag *(Di–Sa 12.30–17.30 Uhr | Cinéma Arenberg |* [123 F3] *Galerie de la Reine 26 | und Flagey |* [128 C3] *Place Sainte-Croix).*

> Mehrere Stadtbezirke unterhalten Kulturzentren *(centre culturel),* die vorzügliche Programme mit Tanz, Folk und Worldmusic zu kleinem Preis präsentieren. *http://centreculturel.be*

> Die Grand' Place ist insbesondere im Sommer und im Dezember Kulisse für kostenlose Chanson-, Jazz-, Pop- und Rockkonzerte. *www.brusselsinternational.be*

AM ABEND

THÉÂTRE ROYAL DE LA MONNAIE ⭐ [123 E3]

In der mehr als 300 Jahre alten Oper und ihren hochmodernen Ateliers werden auf musikalischem Weltniveau spannende Inszenierungen geboten, darüber hinaus Studioproduktionen, Sinfoniekonzerte, Liederabende, Ballett und Tanz. *Place de la Monnaie | Tel. 070 23 39 39 | www.lamonnaie.be | Metro: De Brouckère*

■ SPIELKASINO

GRAND CASINO BRUSSELS [123 E4]

Im eleganten Spielkasino stehen 22 Spieltische für Roulette, Black Jack, Stud Poker, Punto Banco und 208 Slotmachines zur Auswahl. Zahlreiche Events. Gutes Restaurant, vier Cocktailbars. Dresscode: smart-casual. Einlass ab 21 Jahre, Ausweispflicht. *Tgl. 12–5 Uhr | Eintritt frei | Rue Duquesnoy 14 | Metro 1A/B: Gare Centrale*

■ THEATER

LA BALSAMINE [125 E2]

La Balsa nennen Liebhaber den wunderbaren Neubau. Brüsseler Autoren, Tanz und Kabarett. Nette Bar. *Av. Félix Marchal 1 | Tel. 027 35 64 68 | www.balsamine.be | Bus 29: Dailly*

THÉÂTRE 140 [125 F2]

Seit 40 Jahren Bühne der internationalen Avantgarde. Auch Tanz, Pantomime und Worldmusic. *Av. Plasky 140 | Tel. 027 34 44 31 | www.theatre140.be | Bus 29: Plasky*

THÉÂTRE NATIONAL [123 E2]

Zauberhafter Neubau der Architekten Olivier Bastin, Marc Lacour und Pierre Van Assche für Belgiens bestes Theater. Klassisches Repertoire und Experimente aus aller Welt – immer höchste Qualität. *Boulevard Emile Jacqumain 111–115 | Tel. 022 03 41 11 | www.theatrenational.be | Metro: De Brouckère*

THÉÂTRE VARIA [129 D1]

Heimat der besten frankophonen Regisseure und Choreografen wie Thierry Smits. Im guten Restaurant bekommen Sie Essen auch noch nach der Vorstellung. Wunderschönes Foyer, fabelhaftes Publikum. *Rue du Sceptre 78 | Tel. 026 40 35 50 | Bus 34: Jourdan*

Théâtre Royal de la Monnaie: Musikereignisse von Weltrang

> LUXUS IST STANDARD

Neben internationalen Kettenhotels gibt es auch viele stilvolle Häuser mit allem Komfort

> **Täglich finden in Brüssel, der EU-Hauptstadt und dem Nato-Sitz, unzählige Konferenzen, Kongresse, Sitzungen, Tagungen statt. Dem tragen die zahlreichen anspruchsvollen (und teuren) Hotels Rechnung.**

Die meisten bieten modernen Komfort, doch im Einheitsstil der internationalen Ketten, die sie führen. Brüssel fehlen die feinen, kleinen Familienhotels und Bed-&-Breakfast-Unterkünfte, die Paris und London so reizvoll machen. Mit dem zunehmenden Kulturtourismus dürften jedoch auch sie mehr werden.

Am Wochenende und im August, um Ostern und Weihnachten, wenn der internationale Tagungszirkus ruht, geben viele Hotels der Spitzenklasse Rabatte bis zu 50 Prozent. Nachfragen und verhandeln lohnt sich. Zu anderen Zeiten empfiehlt sich unbedingt eine rechtzeitige Reservierung.

Bild: Hotel Métropole

ÜBERNACHTEN

▪ HOTELS €€€

ASTORIA 🌐 [114 B3]

Hier hat sich die Pracht der Belle Époque gehalten, mit Spiegeln, Stuck und Vergoldungen. *118 Zi. | Rue Royale 103 | Tel. 022 27 05 05 | Fax 022 17 11 50 | www.sofitel.com | Metro 2: Botanique*

BE MANOS ⭐ 🌐 [122 C5]

Das glamouröse Designhotel in Schwarz, Weiß und Silber liegt zwischen Südbahnhof (Haltestelle Thalys, ICE, Eurostar) und Zentrum. Luxuriöse Bäder und Wellnessbereich in chinesischem Schiefer, elegante Lounges, ❋ traumhafte Dachterrasse zum Entspannen. Frühstück mit frischen Bioprodukten. Der freundliche Service wird von der Besitzerin persönlich geleitet. *60 Zi. | Square de l'Aviation 23 | Tel. 025 20 65 65 | Fax 025 20 67 67 | www.bemanos.com | Metro: Lemonnier*

HOTELS €€€

LE DIXSEPTIÈME ⭐ 📶 [123 E4]
Denkmalgeschütztes Haus mit barocker Halle, Treppe und Salons, elegant eingerichteten Zimmern. Einen Steinwurf von der Grand' Place entfernt. *24 Zi. | Rue de la Madeleine 25 | Tel. 025 17 17 17 | Fax 025 02 64 24 | www.ledixseptieme.be | Metro 1A/B: Gare Centrale*

JOLLY HOTEL DU GRAND SABLON [123 E5]
Blick auf das Antiquitäten-Eldorado am Place du Grand Sablon. Italieni-

PARK 📶 [125 F5]
Moderner Komfort in einem eleganten Patrizierpalais am Park du Cinquantenaire – ideal für Jogger. Dazu eigener Garten, Fitnesscenter, Sauna und Jacuzzi. Gutes Preis-Leistungs-Verhältnis. *53 Zi. | Av. de l'Yser 21 | Tel. 027 35 74 00 | Fax 027 35 19 67 | www.parkhotelbrussels.be | Metro 1A/B: Mérode*

Le Dixseptième: zeitlose Eleganz in der früheren Residenz eines spanischen Gesandten

scher Stil in den Zimmern und Charme am Empfang. *193 Zi. | Rue Bodenbroek 2–4 | Tel. 025 18 11 00 | Fax 025 12 67 66 | www.jollyhotels.it | Tram: 92, 94: Petit Sablon*

MÉTROPOLE ⭐ 📶 [123 E3]
Albert Einstein und Sarah Bernhardt, Konrad Adenauer und Charles de Gaulle sowie andere Prominente sind hier im Laufe von über 100 Jahren abgestiegen. Halle, Salons und Restaurant glänzen im überladenen Stil, die Zimmer sind zeitgemäß komfortabel eingerichtet. Service im großen, alten Stil. *298 Zi. | Place de Brouckère 31 | Tel. 022 17 23 00 | Fax 022 18 02 20 | www.metropolehotel.be | Metro: De Brouckère*

ROYAL WINDSOR HOTEL 📶 [123 E4]
Stilvolles Haus in der Stadtmitte. Zwölf Räume wurden von Brüsseler Star-Modeschöpfern gestylt, u. a. von Jean-Paul Knott, Xavier Delcour und Marina Yee. Von ihrer avantgardistischen Suite geht der Blick aufs Rathaus. *266 Zi. | Rue Duquesnoy 5 | Tel. 025 05 55 55 | Fax 025 05 55 00 | www.royalwindsorbrussels.com | Metro 1A/B: Gare Centrale*

Insider Tipp

WARWICK BARSEY HOTEL 📶 [128 C5]
Das opulente Design stammt vom Pariser Star José Garcia. Lage am eleganten Teil der Avenue Louise, in

> www.marcopolo.de/bruessel

ÜBERNACHTEN

unmittelbarer Nähe mehrerer Parks. Feinschmeckerrestaurant, hauseigene Garage. 99 Zi. | *Avenue Louise 381–383* | *Tel. 026 499800* | *Fax 026 401764* | *www.warwickbarsey.com* | *Tram 94: Abbaye*

HOTELS €€

AGENDA LOUISE [127 F3]
Freundliches Haus in ruhiger Seitenstraße der eleganten Avenue Louise. 38 Zi. | *Rue de Florence 6–8* | *Tel. 025 39 00 31* | *Fax 025 39 00 63* | *www.hotel-agenda.com* | *Tram 92, 94: Stéphanie*

ARLEQUIN [123 E3]
Hübsches, freundliches Hotel zwischen Galeries Saint-Hubert und Oper. Bei schönem Wetter wird das Frühstück auf der Dachterrasse serviert. 92 Zi. | *Rue de la Fourche 17–19* | *Tel. 025 14 16 15* | *Fax 025 14 22 02* | *www.arlequin.be* | *Metro: Bourse*

AUBERGE DU REPOS DES CHASSEURS ⭐ [0]
Die Eigentümer eines für seine Wildspezialitäten bekannten Restaurants haben in ihrem alten Haus elf schöne Gästezimmer eingerichtet. Völlige Ruhe am Rand des Forêt de Soignes. *Av. Charles-Albert 11* | *Tel. 026 604672* | *Fax 026 721284* | *www.repos-des-chasseurs.com* | *Tram 94: Fauconnerie*

CAPITAL [128 B4]
Fröhliche Ferienstimmung herrscht in diesem Haus mit grüner Empfangshalle und Terrasse. Mitten im Jugendstilviertel und in unmittelbarer Nähe der Boutiquen der Oberstadt. Um die Ecke liegt der Park Tenbosch. 79 Zi. | *Chaussée de Vleurgat 191* | *Tel. 026 46 64 20* | *Fax 026 463314* | *www.hotelcapital.be* | *Tram 94: Vleurgat*

CHAMBORD [124 A5]
Mitten im exklusiven Einkaufsviertel der Oberstadt und doch ruhig. Stilvoll eingerichtete Räume (einige mit Terrasse und schöner Aussicht), nette Bar und Frühstücksraum im luftigen Glaserker. 70 Zi., *Rue de Namur 82* | *Tel. 025 48 99 10* | *Fax 025 140847* | *www.hotelchambord.be* | *Metro 2: Porte de Namur*

MARCO POLO HIGHLIGHTS

⭐ **Beverly Hills Hotel**
Postmoderner Luxus zu niedrigem Preis (Seite 84)

⭐ **Du Congrès**
Brüsseler Atmosphäre in schönen Patrizierhäusern (Seite 84)

⭐ **Auberge du Repos des Chasseurs**
Ländliche Oase der Ruhe (Seite 81)

⭐ **Le Dixseptième**
Barocke Gesandtenresidenz hinter der Grand' Place (Seite 80)

⭐ **Métropole**
Brüssels letzter über hundertjähriger Palast (Seite 80)

⭐ **Be Manos**
Schickes Designhotel für Entspannung und Fitness (Seite 79)

HOTELS €€

DES COLONIES 🔊 [123 F1]
Art-déco-Hotel mit einer langen, boulevardähnlichen Halle mit einem bemerkenswerten Fresko der US Army, die hier 1944 eingezogen war. Völlig renovierte, komfortable Zimmer in ruhiger Lage, freundlicher Service. *96 Zi. | Rue des Croisades 6–10 | Tel. 022 05 16 00 | Fax 022 03 29 44 | www.hotel-des-colonies.be | Metro: Rogier*

LA MADELEINE 🔊 [123 E–F4]
Komfortables, freundliches Hotel mit historischer Fassade in unmittelbarer Nähe der Grand' Place. *38 Zi. |*

> LUXUSHOTELS
Exquisites Wohnen und Übernachten

AMIGO 🔊 [123 E4]
Exklusive Lage hinter dem Rathaus, diskrete Eleganz mit sorgfältig ausgewählten Antiquitäten. Geräumige Zimmer und Bäder. Moderner Fitnessbereich, hauseigene Garage, italienisches Toprestaurant *Bocconi*. Perfekter Service. *174 Zi. | DZ ab 580 Euro | Rue de l'Amigo 1–3 | Tel. 025 47 47 47 | Fax 025 13 52 77 | www.roccofortehotels.com | Metro: Bourse*

CONRAD 🔊 [128 A2]
US-Präsidenten und arabische Scheichs, Stahlmagnaten und Reeder steigen hier bevorzugt ab. Hinter Fassaden der Belle Époque verbirgt sich der Luxus der neuen Welt. Ballsäle und ein Restaurant, die mit dem Königlichen Palast wetteifern, und Brüssels tollstes Fitnesscenter auf drei Etagen. Im exklusivsten Shoppingviertel. *254 Zi. | DZ ab 654 Euro | Av. Louise 71 | Tel. 025 42 42 42 | Fax 025 42 42 00 | www.conradhotels.com | Tram 92, 94: Stéphanie*

HILTON 🔊 ⚜ [124 A6]
Nicht nur englische Popstars und israelische Premierminister, amerikanische Businessmen und japanische Banker lieben dieses Hotel, sondern auch kultivierte Europäer. Panoramablick über Brüssel. Sternerestaurant und Lounge. *433 Zi. | DZ ab 225 Euro | Bd. de Waterloo 38 | Tel. 025 04 11 11 | Fax 025 04 21 11 | www.brussels.hilton.com | Metro 2: Louise*

MANOS IER 🔊 [127 E3]
Verschwenderische Pracht in altem Patrizierpalais in der schicken Oberstadt: großzügige Salons und Zimmer mit Rokokomöbeln, vergoldeten Spiegeln, luxuriösen Marmorbädern. Traumhafter Garten, angesagtes Loungerestaurant *Kolya*. Hauseigene Garage. Stilvoller Empfang durch den Eigentümer. *50 Zi. | DZ ab 320 Euro | Chaussée de Charleroi 100–106 | Tel. 025 37 96 82 | Fax 025 39 36 55 | www.manoshotel.com | Tram 92, 97: Faider*

STANHOPE 🔊 [124 B5]
Ein Haus wie das eines englischen Lords, ein Hauch *countryside* im teuersten Bankenviertel von Brüssel. Traumhafter Garten und Bilderbuchservice. *108 Zi. | DZ ab 425 Euro | Rue du Commerce 9 | Tel. 025 06 91 11 | Fax 025 12 17 08 | www.stanhope.be | Metro 2: Trône*

ÜBERNACHTEN

Rue de la Montagne 22 | Tel. 025 13 29 73 | Fax 025 02 13 50 | www.hotel-la-madeleine.be | Metro 1A/B: Gare Centrale

Euro/Tag). Trendy Lounge. *53 Zi. | Avenue Louise 212 | Tel. 026 44 29 29 | Fax 026 44 18 78 | www.thewhitehotel.be | Tram 81, 94: Bailli*

Hotel Le Sablon: gepflegte Einrichtung, ruhige und gute Lage

LE SABLON [123 E5]
Schön eingerichtetes Hotel in einer ruhigen Seitenstraße der schicken Place du Sablon. Sauna. *32 Zi. | Rue de la Paille 2–8 | Tel. 025 13 60 40 | Fax 025 11 81 41 | www.eurostarshotels.com | Tram 92, 94: Petit Sablon*

THEWHITEHOTEL [128 B3]
In unmittelbarer Nähe der Trendviertel Place du Châtelain und Place Flagey. Sehr große, weiße Zimmer mit ausgewählten Designmöbeln, einige mit Terrasse und Panoramablick. Computerkojen, Frühstück mit Bioprodukten, hoteleigene Scooter (18

WELCOME [123 E2]
Schönes Haus am Fischmarkt, 15 individuell gestaltete Zimmer. *Rue du Peuplier 1 | Tel. 022 19 95 46 | Fax 022 17 18 87 | www.hotelwelcome.com | Metro: Sainte-Catherine*

HOTELS €

ATLAS [123 D3]
Zentral gelegenes, komfortables Hotel an einem ruhigen Platz im Modeviertel um die Rue Antoine Dansaert. Frühstück mit Blick auf die Stadtmauer. Guter Service. *93 Zi. | Rue du Vieux-Marché-aux-Grains 30–34 | Tel. 025 02 60 06 | Fax 025 02 69 35 | www.atlas.be | Metro: Bourse*

HOTELS €

BEAU-SITE 🔊   [128 A2]

Adrette Familienpension mit modern eingerichteten Zimmern. Das Haus liegt in einer ruhigen Seitenstraße der schicken Avenue Louise. *38 Zi. | Rue de la Longue Haie 76 | Tel. 026 40 88 89 | Fax 026 40 16 11 | www.benotel.be | Metro 2: Louise*

Auf Geschäftsreise: Frühstück im Freien

BEVERLY HILLS HOTEL ⭐   [127 F1]

Sehr komfortables Haus im eleganten Shoppingviertel. Postmoderner Stil. Schönes Fitnesscenter sowie Sauna und Jacuzzi. *33 Zi. | Rue du Prince Royal 71 | Tel. 025 13 22 22 | Fax 025 13 87 77 | www.hotelbeverlyhills.be | Metro 2: Louise*

DE BOECK'S   [128 A3]

In einer beschaulichen Seitenstraße der Oberstadt, am Rande des Einkaufsviertels der Avenue Louise, liegt dieses Hotel mit der Atmosphäre einer etwas altmodischen Brüsseler Bürgerwohnung. Freundlicher Service. *32 Zi. | Rue Veydt 40 | Tel. 025 37 40 33 | Fax 025 34 40 37 | www.hotel-deboecks.be | Tram 92: Faider*

DU CONGRÈS ⭐ 🔊   [124 B3]

In vier schönen Patrizierhäusern aus dem 19. Jh. herrscht eine joviale Brüsseler Atmosphäre. Stammgäste, darunter viele Professoren. Komplett renoviert. *61 Zi. | Rue du Congrès 42 | Tel. 022 17 18 90 | Fax 022 17 18 97 | www.hotelducongres.be | Metro 2: Madou*

DERBY 🔊   [125 F5]

Nettes Haus, einfache Zimmer, wenige Schritte vom Parc du Cinquantenaire. *27 Zi. | Av. De Tervueren 24 | Tel. 027 33 08 19 | Fax 025 38 20 12 | www.hotel-derby.be | Metro 1A/B: Merode*

HOTEL GALIA   [123 D6]

Ein Haus mit Aussicht auf den Flohmarkt. Für Frühaufsteher und Liebhaber der Boheme, die den Charme der Marolles ausmacht. *24 Zi. | Place du Jeu de Balle | Tel. 025 02 42 43 | Fax 025 02 76 19 | www.hotelgalia.com | Bus 48: Jeu de Balle*

GEORGE V   [122 C3]

Freundliches Familienhotel, geschmackvoll eingerichtet. In unmittelbarer Nähe des trendy Modeviertels um die Rue Dansaert. *16 Zi. | Rue 't Kint 23 | Tel. 025 13 50 93 | Fax 025 13 44 93 | www.george5.com | Metro: Anneessens*

> *www.marcopolo.de/bruessel*

ÜBERNACHTEN

À LA GRANDE CLOCHE [123 D4–5]
Eines der letzten altmodischen Hotels – zwar schlicht, aber besonders preiswert. Gegenüber vom Gourmettempel *Comme chez Soi*. *37 Zi. | Place Rouppe 10–12 | Tel. 025 12 61 40 | Fax 025 12 65 91 | www.hotelgrandecloche.com | Metro: Anneessens*

LA LÉGENDE [123 E4]
Einfaches, nettes Familienhotel nahe Grand' Place und Manneken Pis. *26 Zi. | Rue du Lombard 36 | Tel. 025 12 82 90 | Fax 025 12 34 93 | www.hotellalegende.com | Metro: Bourse*

NOGA [123 E2]
Freundliches Haus mit hübschen Zimmern und Aussicht auf Brüssels schönste Barockkirche Saint-Jean-Baptiste au Béguinage. Verträumtes Viertel im Herzen der Stadt. *19 Zi. | Rue du Béguinage 38 | Tel. 022 18 67 63 | Fax 022 18 16 03 | www.nogahotel.com | Metro: De Brouckère, Sainte-Catherine*

OPÉRA [123 E3]
Einfaches Hotel in einer ruhigen Seitenstraße mitten im Zentrum. *49 Zi. | Rue Grétry 53 | Tel. 022 19 43 43 | Fax 022 19 17 20 | www.hotel-opera.be | Metro: Bourse*

SAINT-MICHEL [123 E4]
Vier Zimmer haben Blick auf die Grand' Place. Das ist zwar zauberhaft, aber leider auch ziemlich laut. *15 Zi. | Grand' Place 15 | Tel. 025 11 09 56 | Fax 025 11 46 00 | hotelsaintmichel@hotmail.com | Metro: Bourse*

■ FÜR JUNGE LEUTE

AUBERGE BRUEGEL [123 E5]
Die moderne Jugendherberge liegt im Schatten der gotischen Kirche Notre-Dame de la Chapelle. Zwischen Marolles, Sablon und Grand' Place. Eine Übernachtung kostet zwischen 18,60 und 31 Euro. Mit Backpacker-Bar und Internetzugang (kostenpflichtig). *Rue du Saint-Esprit 2 | Tel. 025 11 04 36 | Fax 025 12 07 11 | www.vjh.be | Metro 1A/B: Gare Centrale*

CENTRE VINCENT VAN GOGH [124 B2]
Große, unabhängige Jugendherberge. Die Preise liegen zwischen 18 und 33 Euro. Extras: Bar, Billard, Fernseh-/Videoraum, Internet (kostenpflichtig). *Rue Traversière 8 | Tel. 022 17 01 58 | Fax 022 19 79 95 | www.chab.be | Metro 2: Botanique*

>LOW BUDGET

> Stark im Kommen ist Bed & Breakfast bei Privatleuten. Die Preise beginnen bei ca. 50 Euro/Nacht, für Kinder und längere Aufenthalte gibt es Nachlässe. Über 100 gepflegte, nette Unterkünfte, alle mit Foto auf der Webseite, vermittelt *Bed & Brussels | Rue Kindermans 9 | B-1050 Bruxelles | Tel. 026 46 07 37 | Fax 026 44 01 14 | www.bnb-brussels.be*

> Weitere 50 B & Bs sind bei TaxiStop angeschlossen. Hier können Mutige auch einen Haustausch *(échange de maison)* mit einem belgischen Eigentümer vereinbaren. *Rue Fosséaux-Loups 28 | B-1000 Bruxelles | Tel. 022 23 22 31 | Fax 022 23 22 32 | www.taxistop.be*

FAMILIENFRÜHSTÜCK IM MUSEUM ...

... und andere Brüssel-Attraktionen, die (nicht nur) kleine Besucher begeistern

> Brüssel ist sehr kinderfreundlich. Das Angebot ist groß, so mancher Spaß sogar kostenlos. Die großen Museen bieten spannende und kreative Workshops, allerdings auf Französisch oder Niederländisch. Doch viele niederländischsprachige Betreuer können auch einigermaßen gut Deutsch.

ABENTEUERSPIELPLATZ [127 F2]
Rutschbahn, Propellerflugzeug, Holzhütten und Baumstämme zum Toben, dazu Tische und Bänke fürs Picknick. *Forêt de Soignes | Tram 94: Boitsfort Gare, dann Chemin des Silex abwärts und Avenue des Deux Montagnes wieder aufwärts (Bahnunterführung)*

BOZARSUNDAYS, GOOD MORNING [124 A4]
Das *Palais des Beaux-Arts* lädt Familien jeden Sonntagvormittag zum Frühstück mit anschließender kindgerechter Führung oder einem Konzert für Kids und Eltern ein. *So 10–12 Uhr | Erwachsene 10 Euro, Kinder unter 12 J. 3,50 Euro inkl. Frühstück | Rue Ravenstein 23 | www.bozar.be | Metro 1A/B: Gare Centrale*

BRUSK SKATEPARK [123 E5]
Kids ab 6 Jahren können auf der Skateboard-Landschaft ihre Künste zeigen oder erlernen. Kurse und Ausleihe von Boards, Helmen, Knieschützern kostenlos bei Einführungskursen März–Juni und Sept.–Okt. Mi ab 14.30 Uhr und Sa ab 11 Uhr. *Rund um die Uhr geöffnet | Place des Ursulines (gegenüber der Eglise de la Chapelle) | www.brusk.be | Bus 48: Chapelle*

CHEZ LÉON [123 E3]
In der Traditions-Brasserie, die auf belgische Gerichte und insbesondere auf Muscheln mit Fritten spezialisiert ist, aber auch leckere Salate serviert, essen Kinder unter 12 Jahren gratis. *€€ | Tgl. 11–23 Uhr | Rue des Bouchers 18 | Tel. 025 11 14 15 | www.chezleon.be | Metro: De Brouckère*

> MIT KINDERN UNTERWEGS

KANALFAHRT [121 E6]
Brüssel vom Wasser aus zu entdecken macht nicht nur Kindern Spaß. Bei Rundfahrten auf dem Kanal kommt ein anderes Brüssel-Gefühl auf. *Mai–Juni, Sept. Di, Mi, So 14–16 Uhr, Juli/Aug. Di–So 12–18 Uhr | Erwachsene 4 Euro, Kinder ab 3 J. 3 Euro | Quai Béco (Place Sainctelette) | www.brusselsbywater.be | Metro 2: Yser*

MUSEÉ DU JOUET [124 B2]
In den 33 Räumen des Spielzeugmuseums heißt es gucken, spielen, ausprobieren. Besonders schön ist das Kasperletheater. *Tgl. 10–12 u. 14–18 Uhr | Erwachsene 5,50 Euro, Kinder ab 4 J. 4,50 Euro | Rue de l'Association 24 | www.museedujouet.be | Metro 2: Madou*

MUSÉE DES SCIENCES NATURELLES [124–125 C–D6]
Das naturwissenschaftliche Museum verfügt über spezielle Kindersäle mit kleinen Hütten, Zeichentrickfilmen, interaktiven Spielen, Dino-Abteilung. Die wechselnden Ausstellungen sind ebenfalls auf Kinder und Jugendliche zugeschnitten – auch in deutscher Sprache. Im PaleoLab können Kinder ab 5 Jahren 45 Minuten lang Paläontologe spielen. *Di–Fr 9.30–16.45 Uhr, Sa und So 10–18 Uhr, PaleoLab Mi 14.30 Uhr, Sa und So 13.30, 14.30 und 15.30 Uhr | Erwachsene 7 Euro, Kinder unter 6 J. gratis, 6–8 J. 4,50 Euro, PaleoLab zusätzlich 2 Euro | Rue Vautier 29 | www.sciencesnaturelles.be | Bus 80: Wayenberg*

OCÉADE [118 C3]
Der subtropische Vergnügungspark beim Atomium lockt mit Wasserbecken, elf Rutschbahnen, Kletterwand im Wasserfall, Wellenbereich, Sauna und dem Kinderbereich Aqua Fun House. *April–Juni Di–Fr 10–18 Uhr, Sa und So 10–21 Uhr, Juli–Aug. tgl. 10–21 Uhr, Sept.–März Mi–Fr 10–18 Uhr, Sa und So 10–21 Uhr | Eintritt 15 Euro, Kinder unter 1,30 m 12 Euro, unter 1,15 m gratis | Avenue du Football et du Championnat 3 | www.oceade.be | Metro 1A: Heysel*

› JUGENDSTIL UND GRÜNE OASEN

Auf der Grande-Île, im Uni-Viertel und rund ums Europa-Parlament gibt's für Flaneure viel zu entdecken

Die Spaziergänge sind auf dem hinteren Umschlag und im Cityatlas grün markiert

1 VOM MITTELALTER ZUR MODE

Der Bereich der Grande-Île, wo aus einem „Haus im Sumpf" Brüssel mit all seinen Kontrasten wurde, lässt sich in zwei Stunden entdecken. Mit Shopping und Verschnaufpausen in schicken Cafés werden es leicht vier Stunden.

Neben der Börse *(S. 24)* in der Rue de la Bourse kann man durch ein Glasdach einen Blick auf die ausgegrabenen Reste der Altstadt werfen, die im Museum Bruxella 1238 *(Führungen am ersten Mittwoch des Monats um 11.15 und 15 Uhr | Voranmeldung: Tel. 022 79 43 50 | Eintritt 3 Euro | www.brucity.be)* gezeigt werden. Auf der anderen Seite des Boulevard Anspach führt die Rue Jules van Praet zur Place Saint-Géry *(S. 29)* mit ihren Szenecafés. In der früheren Markthalle plätschert ein imposanter Brunnen. Gegenüber der Rückseite

Bild: Boulevard Anspach

STADT SPAZIERGÄNGE

führt der Innenhof des alten Häuserkomplexes zur einzigen Stelle, an der das Senne-Flüsschen noch zu sehen ist. Romantisch spiegelt sich die Barockkirche Riches-Claires im Wasser.

Über die Rue Saint-Christophe geht es zur Rue des Chartreux. Die Uhrmacherläden An-Hor *(Nr. 3)* und Atelier Demarteau *(Nr. 42)* sind wie aus dem Bilderbuch. Im Greenwich *(S. 72)* spielte schon der Künstler René Magritte Schach. Die Straße mündet auf die angesagte Place du Jardin aux fleurs.

In der ★ Rue Antoine Dansaert braucht man es bei den Boutiquen mit junger Mode nicht bei einem Schaufensterbummel zu belassen: Spitze ist Stijl *(S. 68)*. Am Haus Nr. 81 zieht der Art-déco-Giebel den Blick auf sich. Ein Schlenker durch die schattige Rue Léon Lepage vermittelt Paris-Gefühl, in der Rue du Rempart des Moines tut sich hinter der Barock-

Insider Tipp

pforte bei Nr. 21 ein uraltes, enges Stück Brüssel auf, die Rue de la Cigogne. Dann führt die Rue Dansaert zur Porte de Flandre. Deren volkstümlicher Charakter weicht rasant Cafés, Galerien, Boutiquen und Lofts mit Kanalblick. Durch die trendy Rue de Flandre (hinter Nr. 46 die prächtige Barockfassade des Maison Bellone) geht es zur Place Sainte-Catherine (S. 29). Ein kleiner Abstecher in die Rue Sainte-Catherine führt Sie in Brüssels kleines China-Town, mit asiatischen Supermärkten und Snackbars.

In der neogotischen Kirche am Platz verehren Gläubige eine kleine, schwarze Madonna. Vom ursprünglichen Heiligtum steht nur noch der barocke Tour de la Vierge-Noire. Hinter dem Chor fügt sich der Tour Noire in eine Hotelfassade, einer der wenigen Reste der ersten Stadtmauer aus dem 13. Jh. An der Nordseite von Sainte-Catherine rahmen lange Quais Wasserbecken. Früher befand sich hier ein Teil des Hafens. Zur Kirche Saint-Jean-Baptiste au Béguinage (S. 29) an ihrem netten, runden Platz lockt die Rue du Peuplier. Hinter dem Gotteshaus der Frommen Frauen, an der Rue du Grand Hospice, ist noch etwas von ihrem Geist zu spüren. Vor dem Portal des klassizistischen Hospice Pachéco öffnet sich ein kleiner, baumbestandener Platz, der zum Träumen einlädt.

Die Rue de l'Hospice führt zur Rue de Laeken. Hinter dem schweren, schwarzen Portal der Nr. 79 liegen drei spektakuläre Freimaurertempel. Das Musée belge de la Franc-maçonnerie führt in die mysteriöse Welt und die herausragende Bedeutung der Freimaurer für Brüssel ein *(Do 14–17 Uhr | Eintritt 2 Euro | www.mason. be)*. In der Rue de Laeken Nr. 99 stellen junge Brüsseler Designer bei Designed in Brussels ihre neuesten Kreationen aus.

Nr. 140 ist die Adresse der Koninklijke Vlaamse Schouwburg, des wichtigsten flämischen Theaters (1887)

Verschnaufpause an der Place Sainte-Catherine, einem gemütlichen Platz

STADTSPAZIERGÄNGE

im Neo-Renaissance-Stil *(www.kvs.be)*. An beiden Seiten wird das Gebäude von imposanten Eisenbalkonen beherrscht. Hinter dem Theater liegt ein weiteres früheres Hafenbecken.

2 STUDENTENLEBEN UND FRIEDHOFSRUHE

Ein halber Tag im Universitätsviertel bietet zahlreiche Überraschungen. Sie passieren Art-déco-Bauten und Denkmäler, Szenecafés und Botschaftsresidenzen – und beenden den Spaziergang an einem Friedhof, in dem eine Reihe von Prominente ruhen.

Ein schöner Auftakt ist das Musée d'Ixelles. Betuchte Schenker bestücken bis heute die Säle eines ehemaligen Schlachthauses mit Meisterwerken *(Di–Fr 13–18.30 Uhr, Sa–So 10–17 Uhr | Eintritt 7 Euro | Rue Jean Van Volsem 71 | www.musee-ixelles.be)*. Die Straßen Rue du Collège und Rue Malibran mit den Läden portugiesischer und marokkanischer Zuwanderer führen zur Place Flagey. Unter den Kastanienbäumen an der Ecke Rue des Cygnes steht ein Denkmal für den portugiesischen Dichter Fernando Pessoa, auf der gegenüberliegenden Seite erinnert eine Skulptur an Nele und Ulenspiegel, die Helden aus dem Schelmenroman „Tyll Ulenspiegel" von Charles De Coster. Der Autor lebte ganz in der Nähe *(Rue de l'Arbre bénit 116)*.

Wie der Bug eines Luxusdampfers ragt der gelbe Art-déco-Bau des alten Funkhauses INR mit dem Sendeturm auf. In den herrlichen Sälen der heutigen Bild- und Klangfabrik Flagey *(S. 76)* werden, zum Teil auch mittags, abwechslungsreiche Konzerte geboten. Das Café Belga im Erdgeschoss, mit gutem Zeitungsangebot, ist ein beliebter Szenetreff.

Rechts oder links von den verträumten Etangs d'Ixelles entlang, an denen geangelt wird, kommen Sie zur Abbaye de la Cambre. Das vornehme Nonnenkloster entstand um 1200, heute bildet die Hochschule für Gestaltung La Cambre in den klassizistischen Trakten die Topdesigner und -modeschöpfer von morgen aus.

Hinter der gotischen Kirche entspringt der Maelbeek, der die Weiher speist. Treppen durch die vornehmen Gartenanlagen führen zum Beginn der Avenue Roosevelt. Markante Denkmäler für die Gefallenen der belgischen Luftwaffe und den Soda-Erfinder und Multimilliardär Ernest Solvay beherrschen die Prachtstraße mit einem breiten Rasenstreifen zwischen den Fahrbahnen. Blickfänger neben zahlreichen stattlichen Botschaftsresidenzen und Privatclubs der High Society ist zunächst die Freie Universität *(Université Libre de Bruxelles | Nr. 50)*, 1834 von den Freimaurern gegründet. Vor der alten Bibliothek im Stil des Brabantischen Neobarocks steht das Denkmal des Gründers Pierre-Théodore Verhaegen, der alljährlich am 21. November gefeiert wird, gegenüber ein Denkmal für den modernen Pädagogen Francisco Ferrer.

Die weitläufige Résidence Empain *(Nr. 67)*, 1931 von Michel Polak für den führenden Hersteller von Straßenbahnen und Metros erbaut, gehört zu den Meisterwerken des Art déco. Die Avenue Paul Héger, quer durch den belebten Campus, mündet in die

Avenue de l'Université, die am Cimetière d'Ixelles (tgl. 8–16.45 Uhr) endet. Hier ruhen Prominente wie der Jugendstilbegründer Victor Horta, der Großindustrielle Ernest Solvay, der Ulenspiegel-Autor Charles De Coster oder der mit Magritte und Beuys befreundete Künstler Marcel Broodthaers, sowie viele bekannte Exilanten. Vor dem Friedhofseingang laden zahlreiche Studentenlokale zu einer Verschnaufpause ein.

3 GLASPALÄSTE UND JUGENDSTILHÄUSER

Glitzernde Glaspaläste beherbergen die Institutionen der EU. Brüssels Triumphbogen und schönste Jugendstilhäuser stellen sie in den Schatten. Rechnen Sie für diesen Spaziergang ohne Museumsbesuche zwei Stunden.

Englisch mutet die Rue Vautier mit ihren Vorgärten an. In der scharfen Kurve: der Eingang zum Musée des Sciences Naturelles (S. 41) mit seinen eindrucksvollen Dinosaurierskeletten und der Eingang zum Musée Antoine Wiertz, Atelier des größenwahnsinnigen Malers mit einem romantischen Garten (Haus Nr. 62 | Di–Fr 10–12 und 13–17 Uhr | Eintritt frei). Die anschließende Rue Wiertz erdrückt der an den Seiten und oben gerundete Plenarsaal des Europaparlaments. Gegenüber schießen immer mehr Büros aus dem Boden. Unter der Arkade (Nr. 60 Rue Wiertz) befindet sich der Info-Point des Europaparlaments, wo es – gratis! – Material zur EU im Überfluss gibt.

Von der Rue Belliard lohnt sich ein Schlenker durch den Parc Léopold. Auf dem schroffen Hügelrücken liegen schöne Bauten aus Neoklassizismus, Jugendstil (in der Bibliothèque Solvay manchmal Ausstellungen) und Art déco. Früher forschten hier die besten Zahnärzte, Physiologen, Hygieniker der Freien Universität in aller Muße.

An der Unterseite des Parks führt die Chaussée d'Etterbeek zur beschaulichen Place Jourdan mit netten Gaststätten und einer beliebten Frittenbude. **Inside Tipp** Weiter geht es durch die Rue Froissart. Links ragen die rosafarbenen, marmornen Bauklötze des Consilium getauften EU-Ministerrats auf. Am Rond-Point Schuman überqueren Sie die Rue de la Loi. Vor sich sehen Sie den Berlaymont, den Sitz der EU-Kommission (S. 40).

Das nächste Gebäude unterhalb in der Rue de la Loi ist der von Helmut Jahn konzipierte Charlemagne mit eleganten Rundungen. Eine anmutige Anlage führt von der Rue de la Loi zur Chaussée d'Etterbeek hinunter. Rechts endet sie am Square Marie-Louise mit Weiher, Fontäne und Grotten. Haus Nr. 3 entwarf der Jugendstilkünstler Victor Horta für eine Privatklinik. Gegenüber (Avenue Palmerston Nr. 4) baute er für den Kolonialminister Leopolds II. das Hôtel van Eetvelde, links um das Hôtel Delhaye erweitert.

Etwas weiter grüßen am Square Ambiorix Nr. 11 die Eisenranken von Gustave Strauvens Jugendstilbau Maison Saint-Cyr. Durch die gepflegten Parkanlagen, die EU-Beamte ebenso wie marokkanische Zuwanderer genießen, führt der Weg zur lebhaften Rue Archimède **Inside Tipp** mit Restaurants, Lokalen (James Joyce ist Brüssels ältester irischer Pub) und Läden aus vielen

STADTSPAZIERGÄNGE

Ländern. In entgegengesetzter Richtung endet die Rue de la Loi auf der anderen Seite des Rond-Point Schuman etwas ruhiger. Hier steht, vor dem Hintergrund des grandiosen Triumphbogens und der Prachtbauten der immensen Museen, eine rosenumrankte Büste von EU-Gründervater Robert Schuman.

Im weitläufigen Park mit zahlreichen Plastiken entspannt sich an schönen Tagen der gestresste EU-Mikrokosmos. Die Kadetten der nahe gelegenen Königlichen Militärakademie trainieren hier auch bei Regen und Schnee.

An der Ostseite des Parks, schräg gegenüber der gepflasterten Einfahrt

Rue Vautier: Mit ihren kleinen Vorgärten mutet die Straße fast englisch an

Die schattige Allee, die links vom Eingang zum Parc du Cinquantenaire *(S. 42)* abzweigt, führt zum Pavillon der menschlichen Leidenschaften (Pavillon des Passions Humaines). Dieser erste Bau des Jugendstilkünstlers Victor Horta umschließt ein gewaltiges Marmorrelief. Die nackten Figuren sind heute so umstritten wie einst, wurde doch neben dem Pavillon 1976 die Große Moschee erbaut.

zu den Museen, beginnt die Rue des Francs. Bereits von weitem leuchtet die teilweise vergoldete Fassade des Maison Cauchie *(S. 41),* eines seltenen Beispiels des geometrischeren Jugendstils. Gegenüber dem spitzen Ende des Parc du Cinquantenaire mit einer Fontäne locken mehrere gepflegte Terrassenlokale, in denen Sie schließlich den Spaziergang ausklingen lassen können.

EIN TAG IN BRÜSSEL
Action pur und einmalige Erlebnisse.
Gehen Sie auf Tour mit unserem Szene-Scout

SCHLEMMER-FRÜHSTÜCK
9:00
Raus aus den Federn und zum Frühstücken ab auf die trendige Rue Dansaert! Im *Pain Quotidien* gibt's leckere Schokoladencroissants, Bio-Cerealien & Co. Dazu einen Kaffee bestellen und Kräfte für den aufregenden Tag sammeln. **WO?** *Rue Antoine Dansaert 16 A | Tel. 025 02 23 61 | www.painquotidien.com*

FINDET NEMO
10:00

Gut, dass das Wasser 30 Grad warm ist, denn jetzt heißt es abtauchen: rein in Bikini oder Badehose, dann geht's unter die Wasseroberfläche. Im weltweit tiefsten Tauchbecken wartet eine richtige Unterwasserwelt samt Höhlen. Die Tipps und Tricks gibt's vom Profi – Fun garantiert! Und wer weiß, vielleicht trifft man in der Tiefe auf Nemo?! Badesachen nicht vergessen! **WO?** *Rue de Stalle 333 | Reservierung unter 023 32 33 34 | 1 Stunde 40 Euro | www.nemo33.com*

SCHWARZES GOLD
11:30
Wie im Schlaraffenland: Bei *Frederic Blondeel* gibt's eine riesige Auswahl an Pralinen. Der Chocolatier kreiert sündige Leckereien aus Schokolade, Früchten und exotischen Gewürzen wie Kardamom, grünem Pfeffer oder Wasabi. Also, Praline ganz in den Mund schieben und langsam auf der Zunge zergehen lassen! Mmh! Ein Muss für alle Schokoladenfans! **WO?** *Baksteenkaai 24 | Tel. 025 02 21 31 | www.frederic-blondeel.be*

MOULES ET FRITES
13:00

Lust auf etwas Herzhaftes? Bei *Chez Leon* lässt man sich im urigen Ambiente ganz traditionell die belgische Leibspeise Muscheln mit Pommes schmecken. Einfach köstlich! **WO?** *Rue des Bouchers 18 | Tel. 025 11 14 15 | www.chezleon.be*

24 h

AUF DEN SPUREN VON TIM UND STRUPPI

14:30

Karte runterladen und schon kann's losgehen: Man wandelt auf den Spuren des bekannten Comic-Duos *Tim und Struppi*, die im Original eigentlich *Tintin* und *Snowy* heißen. Stopps sind u. a. das Geburtshaus des Schöpfers Hergé und riesige Wandgemälde. **WO?** www.brusselsinternational.be

18:00

HIMMLISCHE MASSAGE

Wem der Rücken vom vielen Laufen wehtut, ist in *Livia Kovas Beauty Salon*, dem besten der Stadt, genau richtig: 30 Minuten dauert die entspannende Rückenmassage. Danach fühlt man sich wie neu geboren! **WO?** *Rue d'Idalie 12* | *Tel. 022 80 43 29* | *Kosten: 29 Euro* | *www.liviakova.com*

MODERN CUISINE

20:30

Innovative belgische Küche gefällig? Dann ab ins schicke *Belga Queen*. Das In-Restaurant ist in der Schalterhalle einer ehemaligen Handelsbank zu Hause. Im pompös-modernen Ambiente gemütlich machen, Degustations-Menü mit Bierauswahl bestellen und genießen. Tipp: Unbedingt mal aufs stille Örtchen – die Wände der Unisex-Toiletten beschlagen, wenn die Tür zugemacht wird. **WO?** *Rue du Fossé aux Loups 32* | *Tel. 022 17 21 87* | *www.belgaqueen.be*

23:00

RETRO-NACHT

Party on heißt es im stylishen *The Wax Club*. Die DJ-Bar im minimalistischen 70er-Jahre-Look ist Hotspot der Szene. Bei heißen Elektro und Elektro House Sounds wird die Nacht zum Tag. Schicke Kleidung ein Muss! **WO?** *Boulevard Anspach 66* | *Tel. 025 03 22 32* | *Eintritt frei* | *www.thewaxclub.com*

> MÄRCHENSCHLOSS, WASSER UND STADT DER KUNST

Zum Canal du Centre mit seinen Meisterwerken der Technik, ins Schloss Seneffe im grünen Süden und ins beschauliche Namur

1 CANAL DU CENTRE

[130 B–C 5–6] Den Kanal, eine faszinierende Hochleistung belgischer Ingenieure (45–60 km von Brüssel), erreicht man über die Autobahn E19 (A7) Richtung Mons/Paris, Ausfahrt 19 Arquennes (nach Nivelles Sud). Folgen Sie in Arquennes dem Schild Ronquières. Am Kanal mit seiner bemerkenswerten Flora und Fauna kann man picknicken – bitte Tüte für Abfälle nicht vergessen. Je nach Wetter und Laune können Sie einen Halbtages- oder einen Tagesausflug unternehmen.

Bereits von weitem grüßt der 125 m hohe Betonturm von **Ronquières**. Bei schönem Wetter bietet sich von oben ein herrliches Panorama. Der Turm krönt ein Meisterwerk belgischer Ingenieure: die **Schiefe Ebene**, eingeweiht 1968. Statt in einer herkömmlichen Schleuse überwinden die Lastkähne in zwei

Bild: O'Butte du Lion bei Waterloo

AUSFLÜGE & TOUREN

Wasserbecken, die auf einer langen schiefen Ebene rollen, einen Höhenunterschied von 68 m. Es werden einstündige Bootsfahrten bis nach Ittre und zurück angeboten.

Wieder zurück bis zur Autobahn E 19, Richtung Mons/Paris, Ausfahrt 21, weiter Richtung **Strépy-Bracquegnies** (Ausschilderung Asc. n° 3 Salle des machines). 1888 wurde dieses dritte von insgesamt vier Schiffshebewerken gebaut, die 73 m Höhenunterschied überbrücken. Nur mithilfe der Wasserkraft heben und senken sich die Becken mit den Schiffen. Die wunderschönen Eisenkonstruktionen zählen seit dem Jahr 2000 zum Unesco-Welterbe. Sehenswert ist in Bracquegnies überdies der Maschinenraum mit seinen hohen Backsteintürmen. Auch hier werden Bootsausflüge angeboten.

Zwei Kilometer weiter ragt über dem vierten alten Hebewerk Belgiens neuestes Technikwunder auf. Das Schiffshebewerk von **Strépy-Thieu** hebt und senkt die Lastkähne in zwei Kabelaufzügen. Zu dieser 110 m hohen Betonkathedrale führt eine spektakuläre Kanalbrücke.

Das ✿ Besucherzentrum bietet nicht nur Erläuterungen, sondern auch Einblick in den riesigen Ma-

2 DER GRÜNE SÜDEN

[130 C3–5] Die 100 km lange Tour führt in den immensen Forêt de Soignes, aufs Schlachtfeld von Waterloo, zu einer der schönsten Kirchen und einem Traumschloss Belgiens. Die Tour kann leicht unterbrochen wer-

Schloss Seneffe: eleganter Rahmen für eine prächtige Silbersammlung

schinenraum, eine herrliche Aussicht und eine Cafeteria.

Ronquières: Ende März–Ende Okt. tgl. 10–19 Uhr | Eintritt 7 Euro, mit Bootsfahrt 8,50 Euro | www.ronquieres.be; Strépy-Bracquegnies: Mai–Juni und Sept.–Okt. nur So, Juli–Aug. tgl. 10–17 Uhr | Eintritt und Bootsfahrt 16,50 Euro; Strépy-Thieu: Feb.–Nov. tgl. 9.30–18.30 Uhr | Eintritt 9 Euro. Auskünfte: Tel. 065 36 04 64 | Fax 065 33 57 32 | www.hainauttourisme.be

den – alle Wege führen zurück nach Brüssel. Empfehlenswert sind Detailkarten (erhältlich beim Institut géographique national, 5 Abbaye de la Cambre, 1050 Brüssel, Tel. 026 29 82 82, www.ngi.be).

Die Chaussée de Waterloo, die an der **Porte de Hal [127 D2]** beginnt, bringt Sie in herrliche Natur und zu großen Kulturdenkmälern. An der Ampel bei Hausnummer 1032 links in die *Chaussée de la Hulpe* einbiegen, an der zweiten Ampel rechts in die *Drève de Lorraine.* Hier beginnt der

> **www.marcopolo.de/bruessel**

AUSFLÜGE & TOUREN

50 km² weite **Forêt de Soignes** mit seinen majestätischen Bäumen, abenteuerlichen Tälern, beschaulichen Weihern und geruhsamen Picknickplätzen. Spazier-, Radfahr- und Reitwege durchziehen ihn. Fahrradvermietung: *La Maison des Cyclistes | März–Okt. tgl. 10–18, Nov.–Feb. Mo–Fr 10–17 Uhr | 13 Euro am Tag | Rue de Londres 15 | Tel. 02 502 73 55 | www.provelo.be;* Mieten von Pferden: *Centre équestre de La Cambre | Di–So 12–20 Uhr | 13 Euro pro Stunde | Chaussée de Waterloo 872 | Tel. 023 75 34 08*

Von der Drève de Lorraine zweigt die **Drève du Harras** ab (Ausschilderung Hoeilaert/Ring). Hier meditierte einst der herausragende Mystiker Ruusbroec. An der Kreuzung mit dem Ring geradeaus Richtung Genval. Links von der *Chaussée de Bruxelles* liegen fürstliche Anwesen. Auf **Clairecolline** lebte 1912–18 der deutsche Dramatiker Carl Sternheim. Rechts lockt bald die weitläufige, gepflegte **Domaine Solvay**. Im strahlend weißen Gutshof ist die **Fondation Folon** untergebracht. In die verspielte Welt des 1934 geborenen belgischen Künstlers Jean-Michel Folon führen Hunderte von Grafiken, Zeitschriftencover, Poster, Plastiken und Assemblagen in edlen Holzvitrinen, das nachgebaute Atelier und Videoaufzeichnungen. Gut sortierter Shop, nettes Café-Restaurant mit schöner Terrasse. *Ferme du Château de La Hulpe | Di–So 10–18 Uhr | Eintritt 7,50 Euro | www.fondationfolon.be*

Im Ort La Hulpe biegen Sie an der Ampel rechts nach Waterloo ab (N253) und nehmen dort die N5 nach Charleroi. Rechts erhebt sich die grandiose **D'Butte du Lion**, ein künstlicher Hügel, auf dem der Löwe von Brabant (bzw. Oranien) vom Sieg der Alliierten über Napoleon 1815 kündet. Das alte Panorama, ein monumentales, kreisrundes Fresko, und ein neuer Film im Besucherzentrum bringen Ihnen das Schlachtengetümmel nahe.

Spazier- und Fahrradwege führen zu kleineren Gedenkstätten. Detailaspekte beleuchten an der N5 das **Musée Wellington** *(April–Sept. tgl. 9.30 bis 18.30 Uhr, Okt.–März tgl. 10.30–17 Uhr | Eintritt 5 Euro)* und Napoleons letztes Hauptquartier, die **Ferme du Caillou** *(April–Okt. tgl. 10–18.30 Uhr, Nov.–März tgl. 13–17 Uhr | Eintritt 2 Euro).* Besucherzentrum: *Centre du visiteur | Route du Lion 315 | April bis Okt. tgl. 9.30–18.30 Uhr, Nov. bis März tgl. 10–17 Uhr | 8,70 Euro | www.culturespaces.com.* Beim Besuch aller Gedenkstätten empfiehlt sich der Pass für 12 Euro.

Über die N5 und die N25 gelangen Sie nach *Nivelles.* Mitten im Städtchen ragt die Stiftskirche **Sainte-Gertrude** auf, eines der seltenen belgischen Gotteshäuser im rein romanischen Stil. Der mächtige Bau wurde im Zweiten Weltkrieg fast völlig zerstört und mit deutscher Hilfe wiederaufgebaut. *Grand' Place | tgl. 9–17 Uhr | Eintritt frei | tgl. 14 Uhr Führung | 5 Euro*

Die schnurgerade N27 führt dann nach **Seneffe**. Am Ortsrand liegt das traumhafte Schloss. In dem piekfein restaurierten, klassizistischen Prachtbau ist eine kostbare Silbersammlung zu bewundern. Die **Orangerie** im gepflegten Schlosspark lockt regelmäßig mit hochkarätigen Kunstausstel-

Insider Tipp

lungen, das prächtige Petit Théâtre mit Kammerkonzerten und Theateraufführungen. Der weitläufige Park wurde zum Teil von dem berühmten Gartenarchitekten René Pechère neu gestaltet. *Di–So 10–18 Uhr | Eintritt 5 Euro | www.chateaudeseneffe.be*

Am schnellsten zurück nach Brüssel führt Sie die Autobahn E19.

3 NAMUR

[131 F6] Von allen Brüsseler Bahnhöfen (Midi, Central, Nord, Schuman, Luxembourg) fährt jede halbe Stunde ein Zug nach Namur, die schmucke, reiche Hauptstadt Walloniens (40–60 Minuten). Mit dem Auto sind es 65 km: Autobahn E411 Richtung Namur/Luxembourg, Ausfahrt 14. In Namur gibt es gute Parkmöglichkeiten am Bahnhof (Gare) und in der Tiefgarage unter der Place d'Armes (ausgeschildert Centre).

Trotz guter Verkehrsanbindungen bleibt die Hauptstadt der Region Wallonien weitgehend unbekannt. Dabei bietet sie Kunstschätze von Weltklasse. In die reiche Geschichte führt das Musée Archéologique ein *(Rue du Pont 1)*. Am Ende der Rue du Pont zweigt rechts die *Rue Julie Billiart* ab. Hinter der schlichten Backsteinfassade von Haus Nr. 17, dem Kloster der Sœurs de Notre-Dame, verbirgt sich der ⭐ Schatz von Hugo von Oignies. Der Besucher klingelt, wird von einer betagten Nonne abgeholt und steht plötzlich in einem winzigen Raum mit ein paar schmucklosen Vitrinen. Doch darin glänzen und schimmern die Höhepunkte der europäischen Silberschmiedekunst des 13. Jhs. Die vergoldeten Messkelche und Bibeleinbände, Reliquienbehälter und Prozessionskreuze mit ganz lebendigen Darstellungen von Gott, Christus, Heiligen kündigen bereits die Renaissance an.

Ein kurzer Spaziergang durch die pittoreske Rue des Brasseurs (Nr. 2 das Restaurant Le Temps des Cerises mit deftigen regionalen Spezialitäten) führt zur Rue Fumal. Im stattlichen Palais Nr. 12 ehrt Namur den Künstler Félicien Rops. Der 1833 hier geborene Patriziersohn malte zunächst romantische Ansichten der Maas. Doch dann taten es ihm die Brüsseler Kokotten und die Femmes fatales von Paris an, die Hexensabbate und Schwarzen Orgien. Er wurde zum Illustrator und Freund von Charles Baudelaire und vielen anderen Symbolisten. Das Musée Rops führt glänzend in diese dekadente Welt ein *(Juli/Aug. tgl. 10–18 Uhr, Sept.–Juni Di–So 10–18 Uhr | Eintritt 3 Euro | www.ciger.be/rops)*.

In der Parallelstraße Rue J. Saintraint Nr. 3 locken andere Genüsse: das Hôtel de Groesbeeck-de Croix mit seinem verschwenderischen Rokoko-Interieur. Licht durchflutet die lange Halle mit Blick auf das Wasserbecken im Garten. Rechts und links folgen Salons mit schönstem Stuck und Marmorkaminen. Tapisserien und wunderbar geschnitzte Möbel, Skulpturen und Kristall vermitteln einen Eindruck vom Können der Kunsthandwerker des Namurois. Raritäten sind die Blumengemälde von Pierre-Joseph Redouté.

Die Rue J. Saintraint mündet in die Place Saint-Aubain. Im stattlichen Bürgerhaus Nr. 3 lädt die Brasserie Henry, ein Traditionslokal, zu einer

AUSFLÜGE & TOUREN

Stärkung ein. Danach fällt die Schönheit der **Cathédrale Saint-Aubain** erst recht auf. Der Mailänder Architekt Pizzoni errichtete sie 1751–63 in einem Stil zwischen Barock und Klassizismus an der Stelle einer altmodisch gewordenen gotischen Kirche. Nur der Glockenturm blieb übrig. Bemerkenswert sind die Holzplastiken an den Säulen, die die Licht spendende Kuppel tragen, sowie mehrere Gemälde von Schülern Rubens' und Van Dycks.

den die Cafés um den *Marché aux Légumes* und die *Place de l'Ange* zu einer Verschnaufpause ein. Aus kleinen örtlichen Brauereien kommt köstliches Bier wie **Blanche de Namur**. Doch wartet noch eine Entdeckung, das Kunstgewerbemuseum **Musée des Arts anciens du Namurois** *(Rue du Fer 24)*. In dem herrschaftlichen

Insider Tipp

Namur: Von der Zitadelle aus hat man einen schönen Blick auf die Hauptstadt Walloniens

Von der Kathedrale führt die Rue du Collège zur barocken **Saint-Loup**, einer schönen, typischen Jesuitenkirche. Die Pater gründeten im 17. Jh. auch die Universität Notre-Dame de Namur, die heute noch Leben in die Provinzstadt bringt. Etwas weiter la-

Palais mit seinem geruhsamen Garten locken großartige geschnitzte Altäre, reich getriebenes Silber, Meisterwerke des Malers Henri Bles. Zum Verschnaufen empfiehlt sich ein Spaziergang an den Flussufern oder auf die ☆ Zitadelle. *Fremdenverkehrsamt: Square de l'Europe Unie 3 | Tel. 081/22 28 59 | Öffnungszeiten Museen: Di–So 10–12 und 14–16 Uhr | Eintritt je 3 Euro | www.namur.be*

> VON ANREISE BIS ZOLL

Urlaub von Anfang bis Ende: die wichtigsten Adressen und Informationen für Ihre Brüsselreise

ANREISE

AUTO
Anfahrt über die Autobahnen E 40 (Aachen–Lüttich), E 34 (Eindhoven–Antwerpen), E 411 (Luxembourg–Namur). Schildern Richtung „Bruxelles Centre/Brüssel Centrum" folgen. In der Unterstadt und in der Oberstadt gibt es viele Parkhäuser bzw. Tiefgaragen.

BAHN
Der Thalys Köln–Paris und der ICE Frankfurt–Köln–Brüssel halten nur am Bahnhof Bruxelles-Midi. Dort besteht Anschluss an Metro und Straßenbahn. Die Eurocityzüge aus der Schweiz halten auch an den Bahnhöfen Bruxelles-Luxembourg und Bruxelles-Nord. Fahrkartenkauf unter *www.b-rail.be*

FLUGZEUG
Linienflüge landen auf dem Flughafen Bruxelles-National Aéroport, 15 km nordöstlich der Stadt. Verbindungen in die Stadt: Zwischen 5.30 und 0.20 Uhr fährt alle 15–20 Minuten der *Brussels Airport Express* in die Stadt. Haltestellen: Bruxelles-Nord, Bruxelles-Central, Bruxelles-Midi. Fahrtdauer 20–30 Minuten. Preis: einfache Fahrt 2. Klasse 2,80 Euro, 1. Klasse 4,20 Euro. Bei Erwerb der Fahrkarte im Zug 2,30 Euro Aufpreis.

> WWW.MARCOPOLO.DE
Ihr Reise- und Freizeitportal im Internet!

> Aktuelle multimediale Informationen, Insider-Tipps und Angebote zu Zielen weltweit ... und für Ihre Stadt zu Hause!

> Interaktive Karten mit eingezeichneten Sehenswürdigkeiten, Hotels, Restaurants etc.

> Inspirierende Bilder, Videos, Reportagen

> Kostenloser 14-täglicher MARCO POLO Podcast: Hören Sie sich in ferne Länder und quirlige Metropolen!

> Gewinnspiele mit attraktiven Preisen

> Bewertungen, Tipps und Beiträge von Reisenden in der lebhaften MARCO POLO Community:
Jetzt mitmachen und kostenlos registrieren!

> Praktische Services wie Routenplaner, Währungsrechner etc.

Abonnieren Sie den kostenlosen MARCO POLO Newsletter ... wir informieren Sie 14-täglich über Neuigkeiten auf marcopolo.de!

Reinklicken und wegträumen!
www.marcopolo.de

PRAKTISCHE HINWEISE

Zwischen 5.30 und 23.30 Uhr fahren täglich alle 20–30 Minuten *gelb-blaue Expressbusse* (Linie 12) der Öffentlichen Verkehrsbetriebe (STIB) in die Stadt. Fahrzeit ca. 45 Minuten. Haltestellen: Nato, Germinal, Genève, Diamant (Umstieg auf Tram 23 und 24), Schuman (Umstieg auf Metro 1A/B), Luxembourg, Trône (Umstieg auf Metro 2). Der Einzelfahrschein kostet 3 Euro am Automaten, 4 Euro beim Fahrer. Beim Umsteigen muss ein neuer Fahrschein gekauft werden, Einzelfahrt 1,50 Euro.

AUSKUNFT VOR DER REISE

BELGISCHES VERKEHRSAMT
Cäcilienstr. 46 | 50667 Köln | Tel. 0221/27 75 90 | Fax 27 75 91 00 | www.belgien-tourismus.de

TOURISMUS FLANDERN-BRÜSSEL
Mariahilferstr. 121b | 1060 Wien | Tel. 01/596 06 60 | Fax 596 06 95 | www.belgien-tourismus.net

AUSKUNFT IN BRÜSSEL

BRÜSSELER FREMDENVERKEHRSAMT (BRUXELLES INTERNATIONAL)
Rathaus | Grand'Place | Mo–Sa 9 bis 18, So 9–18 Uhr (Sommer), 10–14 Uhr (Winter) | Tel. 00322/513 89 40 | Fax 513 83 20 | www.brusselsinternational.be. Vermittlung von Führungen, Reservierung Hotels, Konzerte etc., Tageskarten Metro/Tram.
Gare du Midi (in der Halle gegenüber Gleis 8) | tgl. 8–20 Uhr (Sommer), Mo–Do 8–17 Uhr, Fr 8–20 Uhr, Sa 9–18 Uhr, So 9–14 Uhr (Winter). Infos und Zimmervermittlung
Aéroport National (Ankunftshalle) | tgl. 8–21 Uhr. Infos und Zimmervermittlung

WAS KOSTET WIE VIEL?

> **KAFFEE** — 3,50 EURO für eine Tasse Filterkaffee

> **SANDWICH** — 2,50–4 EURO je nach Laden und Belag

> **BIER** — AB 3,50 EURO für ein Glas *gueuze*

> **POMMES** — 2,50 EURO für eine Tüte *frites*

> **WAFFEL** — 1,80 EURO für eine *gaufre*

> **TAXI** — 9 EURO für eine Kurzfahrt

ZIMMERVERMITTLUNG
Belgian Tourist Reservations | Tel. 00322/513 74 84 | Fax 513 92 77 | btr@horeca.be

AUTO

In Brüssel gibt es zahlreiche, gut ausgeschilderte Parkhäuser. Preis pro Stunde 2,10 Euro, pro Tag (24 Stunden) 16 Euro. Gebührenpflichtiges Parken kostet 0,15 Euro für 6 Minuten. Oft ist die Höchstdauer auf 2 Stunden begrenzt. Lassen Sie auf keinen Fall Wertgegenstände oder Kleidungsstücke im Auto liegen!

BANKEN & GELD

Öffnungszeiten 9–16 Uhr, in Außenbezirken gibt es oft eine Mittagspause. EC-Automaten sind weit verbreitet. Kreditkarten werden fast überall akzeptiert.

BRUSSELS CARD

Die Karte gewährt freien Eintritt in 25 Museen und kostenlose Benutzung der öffentlichen Verkehrsmittel. Erhältlich bei den Fremdenverkehrsämtern, in Museen und Metrostationen. 24 Stunden kosten 20 Euro, 48 Stunden 28 Euro und 72 Stunden 33 Euro. *www.brusselsmuseums.be*

DIPLOMATISCHE VERTRETUNGEN

DEUTSCHE BOTSCHAFT

Rue Jacques de Lalaing 8–14 | *Tel. 02 787 18 00* | *Metro 1 A/B: Maelbeek* | *www.bruessel.diplo.de*

ÖSTERREICHISCHE BOTSCHAFT

Place du Champ-de-Mars 5 | *Tel. 02 289 07 00* | *www.aussenministerium.at/bruessel*

SCHWEIZER BOTSCHAFT

Rue de la Loi 26 | *Tel. 022 85 43 50* | *www.eda.admin.ch/bruxelles*

FAHRRADVERLEIH

An zwei Dutzend strategischen Stellen des Zentrums (z. B. Gare Centrale, Place De Brouckère) stehen 250 Mietfahrräder. Die Grundgebühr beträgt 1,50 Euro, die erste halbe Stunde kostet 0,50 Euro, jede weitere Stunde 1 Euro. Sie zahlen mit Kreditkarte. Info: *www.cyclocity.be*

GESUNDHEIT

In Belgien wird die Europäische Krankenversicherungskarte (EHIC) akzeptiert. In dringenden Fällen behandelt das *Hôpital Saint-Pierre (urgences), Rue Haute,* kostenlos. Apotheken *(pharmacies)* haben ein grünes Neonkreuz. Sie sind meist von 9–18 Uhr geöffnet. Nacht- und Wochenenddienst *(service de garde)* stehen in einem Kasten am Eingang. *Bereitschaftsdienst Ärzte Tel. 02 479 18 18* | *Bereitschaftsdienst Zahnärzte Tel. 024 26 10 26*

INTERNET

www.brussels-hotels.com, *www.be-hotel.com*: Zimmervermittung; *www.bruxelles.irisnet.be*, *www.brucity.be*: alles über Brüssel; *www.belgium.be*: alles über Belgien; *www.monarchie.be*: alles übers Königshaus; *www.bierebel.be*: belgisches Bier; *www.frites.be*: alles über Fritten; *www.belgourmet.be*: alles über Kulinarisches; *www.bruxelles-art-nouveau.be*: alles über den Brüsseler Jugendstil; *www.brusselsmuseums.be*: Infos über ca. 80 Museen; *www.modobruxellae.be*: Brüsseler Mode; *www.designedinbrussels.be*: Brüsseler Design; *www.brusselsbdtour.com*: für Comicliebhaber; *www.eurobru.com*: über Brüssel als Hauptstadt der EU; *www.advalvas.be*: Veranstaltungskalender; *www.belgobar.be*: alles über Bars, Cafés, Clubs, Winebars; *www.b-rail.be*: Auskünfte der

PRAKTISCHE HINWEISE

belgischen Eisenbahn; *www.euro parl.be:* Informationen aus dem Europäischen Parlament; *www.gaybel gium.be:* Informationen für Gays und Lesben; *www.hotels-bruxelles.com:* Hotelbuchungen (mit Preisnachlässen!); *www.meteo.be:* fünfmal täglich Wetterbericht und Vorhersage für vier Tage; *www.netevents.be:* alles über angesagte Feste und Partys; *www.sport.be:* alles über Sportveranstaltungen; *www.stib.irisnet.be:* alle Auskünfte über die öffentlichen Verkehrsmittel.

Brüsseler Spitzen: Handwerk mit Tradition

INTERNETCAFÉS & WLAN

In allen Brüsseler Bahnhöfen gibt es *hotspots* für drahtlosen Internetzugang mit tragbaren Computern. Eine Stunde Zugang kostet 7,50 Euro (mit Kreditkarte zu zahlen). Völlig kostenlos WLAN-abgedeckt ist der *Campus Plaine* der Freien Universität (ULB und VUB). [129 F4–5] *Boulevard du Triomphe/Boulevard de la Plaine | Metro 1A: Delta, Tram 23, 24, 4: Deuxième Lanciers*

Internetcafés gibt es in allen großen Metrostationen, z. B. De Brouckère, Rogier und Porte de Namur.

KLIMA & REISEZEIT

Brüssel liegt nur ca. 100 km vom Ärmelkanal entfernt. Der Golfstrom bringt maritime Milde. Im Winter liegt selten lange Schnee, im Sommer wird es selten lange heiß, in allen Jahreszeiten regnet es.

Wettervorhersage: Info-Meteo 090/02 70 03 | www.meteo.be

NOTRUF

Krankenwagen, Feuerwehr 100
Polizei 101

ÖFFENTLICHE VERKEHRSMITTEL

Metro und Tram – z.T. durch *Pré-Métro* genannte Tunnel – sind die schnellsten Verkehrsmittel. *Metro-Stationen* sind durch ein großes, weißes M auf blauem Grund gekennzeichnet. *Tram- und Bushaltestellen* erkennt man an rot-weißen Schildern. Fahrkarten für die Metro werden am Eingang der Station erworben und dort in orangefarbenen Automaten entwertet. Fahrkarten für Tram und Bus können auch beim Fahrer gekauft werden (2 Euro, unbedingt Kleingeld bereithalten, keine großen Scheine) und werden im orangefarbenen Automaten in Tram bzw. Bus entwertet. Metro und Tram fahren zwischen 5.30 und 24 Uhr, Busse zwischen 5.30 und 1 Uhr, Fr und Sa Nachtbusnetz Noctis 0.30 bis 3 Uhr, Einzelfahrschein 3 Euro.

Eine Einzelfahrkarte, die auch zum Umsteigen berechtigt, kostet 1,70 Euro. Günstiger sind Tagesfahrschein *(carte jump 1 jour,* Sa, So, feiertags für zwei Personen gültig,

4,50 Euro), Dreitageskarte (9,50 Euro) für beliebig viele Fahrten. Informationen und kostenlose Pläne erhalten Sie in den Stationen Gare du Midi, Gare du Nord, Rogier und Porte de Namur. Infos: *www.stib.be*

POST

Die Postämter sind von Mo–Fr 9–17 Uhr geöffnet, das Postamt im Zentrum *(Bd. Anspach 1)* auch Sa 10.30 bis 16.30 Uhr. Das Postamt in der Gare du Midi arbeitet Mo–Fr 7–19 und Sa 10–15 Uhr *(Avenue Fonsny 32)*. Inlandsbriefe und -karten kosten 0,52 Euro, Briefe und Karten in die EU 0,80 Euro, Briefe und Karten außerhalb der EU 0,90 Euro.

STADTTOUREN

ALTERNATIVE STADTFÜHRUNGEN

Der Verein alternativer Architekten und Stadtplaner (ARAU), der die Bürgerinitiativen berät, führt kritisch durch verschiedene Viertel *(Bd. Adolphe Max 55 | Tel. 022 19 33 45 | www.arau.org)*. Die Vertretung des Landes Baden-Württemberg erläutert bei Führungen durchs Europaviertel die Arbeit der EU-Institutionen *(Rue Belliard 60 | Tel. 027 41 77 23 | post stelle@bruessel.bwl.de)*. *Itinéraires* wandelt auf den Spuren berühmter Komponisten, Maler oder Schriftsteller, die in Brüssel gelebt haben *(Rue Hôtel des Monnaies 157 | Tel. 025 34 30 00 | www.itineraires.be)*. Per Fahrrad führt *Pro Vélo* durch Brüssel *(Rue de Londres 15 | Tel. 025 02 73 55 | www.provelo.org)*.

STADTRUNDFAHRTEN

Blaue Busse mit einem gelben Auge fahren zu den wichtigsten Sehenswürdigkeiten. Mit Führung: *Abfahrt tgl. 10 und 14 Uhr | Rue de la Colline 8 (Seitenstraße Grand' Place) | Preis 27 Euro*. Ohne Führung und mit der Möglichkeit von Unterbrechungen bzw. des Zustiegs an deutlich gekennzeichneten Haltestellen, sogenannten *Hop on Hop offs: Abfahrt alle halbe Stunde von 10–16 Uhr am Haupteingang des Gare Centrale |*

WETTER IN BRÜSSEL

Jan.	Feb.	März	April	Mai	Juni	Juli	Aug.	Sept.	Okt.	Nov.	Dez.
5	6	10	13	19	21	23	22	20	14	8	6
Tagestemperaturen in °C											
0	0	2	4	8	10	12	12	10	7	2	1
Nachttemperaturen in °C											
2	3	4	6	7	7	6	6	5	4	2	1
Sonnenschein Std./Tag											
12	10	11	12	10	11	11	11	10	12	12	13
Niederschlag Tage/Monat											

PRAKTISCHE HINWEISE

Preis 16 Euro. Infos: Deboeck | Tel. 025 13 77 44 | www.brussels-city-tours.com

TAXI

Taxis halten auf Handzeichen, wenn auf dem Dach die römische I leuchtet – sind sie besetzt, erscheint die II. Der Grundpreis beträgt 2,40 Euro (Nachtzuschlag 2 Euro), jeder Kilometer 1,23 Euro im Stadtbereich Brüssel (2,46 Euro für Fahrten in die Vororte). Trinkgeld ist im Preis enthalten, Fahrer dürfen es nicht draufschlagen – aber nehmen es trotzdem gern. *Taxis bleus | Tel. 022 68 00 00 | Taxis Verts | Tel. 023 49 49 49*

TELEFON & HANDY

Vorwahl nach Deutschland 0049, Österreich 0043, Schweiz 0044. Vorwahl vom Ausland nach Brüssel 0032. Die Vorwahl von Brüssel (02) ist Bestandteil der Nummer und muss in Belgien gewählt werden, bei Anrufen aus dem Ausland entfällt die Null. Beim Roaming spart, wer das günstigste Netz wählt. Mit einer Prepaid-Karte des Gastlandes entfallen die Gebühren für eingehende Anrufe. Prepaid-Karten wie die von GlobalSim *(www.globalsim.net)* oder Globilo *(www.globilo.de)* sind zwar teurer, ersparen aber ebenfalls alle Roaming-Gebühren. Und: Sie bekommen schon zu Hause Ihre neue Nummer. Immer günstig sind SMS. Hohe Kosten verursacht die Mailbox: noch im Heimatland abschalten!

THEATER- UND KONZERTKARTEN

Konzert-, Theater- und Opernkarten sind beim Fremdenverkehrsamt erhältlich sowie an den Kassen der großen Theater und Säle. Karten für die Oper am besten im Voraus reservieren *(www.lamonnaie.be),* auch für Konzerte im Palais des Beaux-Arts *(www.bozar.be).* Für junge Leute: Flyer mit den heißesten Veranstaltungen liegen im Foyer der *Ancienne Belgique (Boulevard Anspach 110)* aus. Einen guten Service bietet auch die *FNAC (City 2 | Rue Neuve | 2. Stock | Mo–Sa 10–19 Uhr | Tel. 090 00 06 00 | www.fnac.be).*

TRINKGELD

In Restaurants und Cafés gelten Inklusivpreise, also einschließlich 17 Prozent *service.* Kleine Trinkgelder sind nur noch bei Barzahlung üblich. Platzanweiserinnen in Oper, Konzertsälen, Theatern bekommen nie Trinkgeld – Platzanweiserinnen im Kino immer 0,50 Euro.

VERANSTALTUNGSKALENDER

Die Mittwochausgabe der größten Brüsseler Tageszeitung *Le Soir* hat den ausführlichsten Veranstaltungskalender *(1 Euro).* Gute Hinweise gibt auch das englischsprachige Wochenmagazin *The Bulletin (What's On),* jeden Donnerstag für 3 Euro. Infos im Internet: *www.agenda.be.*

ZOLL

Innerhalb der EU dürfen Waren frei mitgeführt werden. Nur für Tabak (800 Zigaretten pro Erwachsenen), Wein (90 l) und Spirituosen (10 l) gibt es hohe Obergrenzen. Schweizer Bürger unterliegen viel strengeren Vorschriften, u. a. 200 Zigaretten und 2 l Wein.

> TU PARLES FRANÇAIS?

„Sprichst du Französisch?" Dieser Sprachführer hilft Ihnen, die wichtigsten Wörter und Sätze auf Französisch zu sagen

Aussprache

Zur Erleichterung der Aussprache sind alle französischen Wörter mit einer einfachen Aussprache (in eckigen Klammern) versehen.

AUF EINEN BLICK

Ja./Nein.	Oui. [ui]/Non. [nong]
Vielleicht.	Peut-être. [pöhtätr]
Bitte.	S'il vous plaît. [sil wu plä]
Danke.	Merci. [märsi]
Gern geschehen.	De rien. [dö rjäng]
Entschuldigen Sie!	Excusez-moi! [äksküseh mua]
Wie bitte?	Comment? [kommang]
Ich verstehe Sie/dich nicht.	Je ne comprends pas. [schön kongprang pa]
Können Sie mir bitte helfen?	Vous pouvez m'aider, s.v.p.? [wu puweh mehdeh sil wu plä]
Sprechen Sie Deutsch/Englisch?	Vous parlez allemand/anglais? [wu parleh almang/anglä]
Ich möchte …	J'aimerais … [schämrä]
Das gefällt mir nicht.	Ça ne me plaît pas. [san mö plä pa]
Haben Sie …?	Vous avez …? [wus_aweh]
Wie viel kostet es?	Combien ça coûte? [kongbjäng sa kut]
Wie viel Uhr ist es?	Quelle heure est-il? [käl_ör ät_il]

KENNENLERNEN

Guten Morgen/Tag!	Bonjour! [bongschur]
Guten Abend!	Bonsoir! [bongsuar]
Hallo!/Grüß dich!	Salut! [salü]
Wie ist Ihr Name, bitte?	Comment vous appelez-vous? [kommang wus_apleh wu]
Wie heißt du?	Comment tu t'appelles? [kommang tü tapäl]
Wie geht es Ihnen/dir?	Comment allez-vous/vas-tu? [kommangt_aleh wu/wa tü]
Danke. Und Ihnen/dir?	Bien, merci. Et vous-même/toi? [bjäng märsi. eh wu mäm/tua]
Auf Wiedersehen!	Au revoir! [oh röwuar]
Tschüss!	Salut! [salü]

> *www.marcopolo.de/bruessel*

SPRACHFÜHRER FRANZÖSISCH

UNTERWEGS

AUSKUNFT

links/rechts	à gauche [a gohsch]/à droite [a druat]
geradeaus	tout droit [tu drua]
nah/weit	près [prä]/loin [luäng]
Bitte, wo ist …?	Pardon, où se trouve …, s.v.p.? [pardong, us truw … sil wu plä]
Wie weit ist das?	C'est à combien de kilomètres d'ici? [sät a kongbjängd kilomätrö disi]

PANNE

Ich habe eine Panne.	Je suis en panne. [schö süis ang pan]
Würden Sie mir bitte einen Abschleppwagen schicken?	Est-ce que vous pouvez m'envoyer une dépanneuse, s.v.p.? [äs kö wu puweh mangwuajeh ün deh panöhs sil wu plä]
Gibt es hier in der Nähe eine Werkstatt?	Est-ce qu'il y a un garage près d'ici? [äs kil ja äng garasch prä disi]
… ist defekt.	… est défectueux. [ä dehfäktüöh]

TANKSTELLE

Wo ist bitte die nächste Tankstelle?	Pardon, Mme/Mlle/M., où est la stationservice la plus proche, s.v.p.? [pardong madam/madmuasäl/mösjöh u ä la stasjong särwis la plü prosch sil wu plä]
Ich möchte … Liter.	… litres, s'il vous plaît. [litrö sil wu plä]
Super.	Du super. [dü süpär]
Diesel.	Du gas-oil. [dü gasual]
bleifrei/mit … Oktan.	Du sans-plomb/… octanes. [dü sang plong/… oktan]
Voll tanken, bitte.	Le plein, s.v.p. [lö pläng sil wu plä]

UNFALL

Hilfe!	Au secours! [oh skur]
Achtung!	Attention! [atangsjong]
Rufen Sie bitte schnell …	Appelez vite … [apleh wit]
… einen Krankenwagen.	… une ambulance. [ün angbülangs]
… die Polizei.	… la police. [la polis]
… die Feuerwehr.	… les pompiers. [leh pongpjeh]

Es war meine Schuld. C'est moi qui suis en tort.
[sä mua ki süis_ang torr]

Es war Ihre Schuld. C'est vous qui êtes en tort.
[sä wu ki äts_ang torr]

Geben Sie mir bitte Ihren Vous pouvez me donner votre nom
Namen und Ihre Anschrift! et votre adresse?
[wu puweh mö donneh wottrö nong eh wottr_adräs]

ESSEN/UNTERHALTUNG

Wo gibt es hier … Vous pourriez m'indiquer…
[wu purjeh mängdikeh]

… ein gutes Restaurant? … un bon restaurant?
[äng bong rästorang]

… ein nicht zu teures Restaurant? … un restaurant pas trop cher?
[äng rästorang pa troh schär]

Reservieren Sie uns bitte Je voudrais réserver une table pour ce
für heute Abend einen soir, pour quatre personnes.
Tisch für vier Personen. [schwudrä räsehrweh ün tablö pur sö suar pur kat pärsonn]

Wo sind bitte die Où sont les W.-C., s.v.p.?
Toiletten? [u song leh wehseh sil wu plä]

Auf Ihr Wohl! A votre santé!/A la vôtre!
[a wottr sangteh/a la wohtr]

Bezahlen, bitte. L'addition, s.v.p. [ladisjong sil wu plä]

ÜBERNACHTEN

Können Sie mir bitte Pardon, Mme/Mlle/M., vous pourriez
ein gutes Hotel recommander un bon hôtel?
empfehlen? [pardong madam/madmuasäl/mösjöh wu purjeh rökommangdeh äng bonn_ohtäl]

Haben Sie noch … Est-ce que vous avez encore …
[äs_kö wus_aweh angkorr]

… ein Einzelzimmer? … une chambre pour une personne?
[ün schangbr pur ün pärsonn]

… ein Zweibettzimmer? … une chambre pour deux personnes? [ün schangbr pur döh pärsonn]

… mit Bad? … avec salle de bains?
[awäk sal dö bäng]

… für eine Nacht? … pour une nuit? [pur ün nüi]
… für eine Woche? … pour une semaine?
[pür ün sömän]

> www.marcopolo.de/bruessel

SPRACHFÜHRER

Was kostet das Zimmer mit
Frühstück?

Quel est le prix de la chambre,
petit déjeuner compris?
[käl_ä lö prid la schangbr
pti dehschöneh kongpri]

PRAKTISCHE INFORMATIONEN

ARZT

Können Sie mir einen
guten Arzt empfehlen?

Vous pourriez recommander un
bon médecin, s.v.p.?
[wu purjeh rökommangdeh äng bong
mehdsäng sil wu plä]

Ich habe hier Schmerzen.

J'ai mal ici.
[scheh mal isi]

BANK

Wo ist hier bitte
eine Bank?
Ich möchte …
Schweizer Franken
in Euro wechseln.

Pardon, je cherche une banque.
[pardong schö schärsch ün bangk]
Je voudrais changer …
francs suisses
en euros.
[schwudrä schangscheh …
frang süis ang öroh]

ZAHLEN

0	zéro [sehroh]	20	vingt [wäng]
1	un, une [äng, ühn]	21	vingt et un, une
2	deux [döh]		[wängt_eh äng, ühn]
3	trois [trua]	22	vingt-deux [wängt döh]
4	quatre [katr]	30	trente [trangt]
5	cinq [sängk]	40	quarante [karangt]
6	six [sis]	50	cinquante [sängkangt]
7	sept [sät]	60	soixante [suasangt]
8	huit [üit]	70	soixante-dix [suasangt dis]
9	neuf [nöf]	80	quatre-vingt [katrö wäng]
10	dix [dis]	90	quatre-vingt-dix
11	onze [ongs]		[katrö wäng dis]
12	douze [dus]	100	cent [sang]
13	treize [träs]	200	deux cents [döh sang]
14	quatorze [kators]	1000	mille [mil]
15	quinze [kängs]	2000	deux mille [döh mil]
16	seize [säs]	10000	dix mille [di mil]
17	dix-sept [disät]		
18	dix-huit [disüit]	1/2	un demi [äng dmi]
19	dix-neuf [disnöf]	1/4	un quart [äng kar]

> SPREEK JIJ NEDERLANDS?

„Sprichst du Niederländisch?" Dieser Sprachführer hilft Ihnen, die wichtigsten Wörter und Sätze auf Niederländisch zu sagen

Aussprache

Zur Erleichterung der Aussprache sind alle niederländischen Wörter mit einer einfachen Aussprache (in eckigen Klammern) versehen.

AUF EINEN BLICK

Ja./Nein.	Ja. [jaa]/Nee. [nee]
Vielleicht.	Misschien. [mischien]
Bitte.	*(Sie)* Alstublieft. [alstüblieft]
	(du) Alsjeblieft. [alsjeblieft]
Vielen Dank!	Dank u wel. [dank ü wel]
Gern geschehen.	Graag gedaan. [chraach chedaan]
Entschuldigung!	Neemt u mij niet kwalijk. [neemt ü mei niet kwalück]
Wie bitte?	Wat zegt u? [wat zecht ü]
Ich verstehe Sie/dich nicht.	Ik begrijp u/je niet. [ik begreip ü/je niet]
Ich spreche nur wenig …	Ik spreek alleen maar 'n beetje … [ik spreek alleen maar n beetje …]
Können Sie mir bitte helfen?	Kunt u mij alstublieft helpen? [künt ü mei alstüblieft helpen]
Ich möchte …	Ik wil …/Ik zou graag … [ik wil …/ik sau chraach …]
Wie viel kostet es?	Hoe duur is het?/Hoeveel kost het? [hu dühr is hett/hufeel kost hett]
Wie viel Uhr ist es?	Hoe laat is het? [hu laat is hett]

KENNENLERNEN

Guten Morgen!	Goedemorgen! [chujemorchen]
Guten Tag!	Dag!/Goedendag! [dach/chujedach]
Hallo! Grüß dich!	Hallo!/Dag! [halloo/dach]
Mein Name ist …	Mijn naam is … [mein naam is]
Wie ist Ihr Name, bitte?	Wat is uw naam? [wat is üw naam]
Wie heißt du?	Hoe heet je? [hu heet je]
Wie geht es Ihnen/dir?	Hoe gaat het met u/jou? [hu chaht hett mett ü/jau]
Danke, gut. Und Ihnen/dir?	Prima. En met u/jou? [primaa en mett ü/jau]
Auf Wiedersehen!	Tot ziens! [tot siens]

> www.marcopolo.de/bruessel

SPRACHFÜHRER NIEDERLÄNDISCH

UNTERWEGS

AUSKUNFT

links/rechts	links/rechts [links/rechs]
geradeaus	rechtdoor [rechdoor]
nah/weit	dichtbij/ver [dichbei/ver]
Bitte, wo ist …	Waar is … [waar is]
… der Hauptbahnhof?	… het centraal station? [het sentraalstaaschon]
… der Flughafen?	… de luchthaven?/het vliegveld? [de lüchthaafen/hett vliechvelt]
Wie weit ist das?	Hoe ver is dat? [Hu ver is dat]
Ich möchte … mieten.	Ik ben van plan … te huren. [Ik benn vann plann … te hüren]
… ein Auto …	… een auto … ['n auto]
… ein Fahrrad …	… een fiets … ['n fiets]

PANNE

Ich habe eine Panne.	Ik heb pech. [ik heb pech]
Würden Sie mir bitte einen Abschleppwagen schicken?	Wilt u mij alstublieft de sleepdienst/takeldienst sturen? [wilt ü mei alstüblieft de sleepdienst/taakldienst stüren]
Wo ist hier in der Nähe eine Werkstatt?	Waar is hier in de buurt een garage? [waar is hier in de bürt en graasche]

TANKSTELLE

Wo ist bitte die nächste Tankstelle?	Waar is het dichtsbijzijnde pompstation? [waar is hett dichsbeiseinde pompstaaschon]
Ich möchte … Liter …	Ik wil graag … liter … [ik wil chraach … lietr]
… Normalbenzin.	… gewone benzine. [chewohne bensiene]
… Super./Diesel.	… super./diesel. [süper/diesl]

UNFALL

Hilfe!	Help! [helüpp]
Achtung!	Let op!/Pas op! [lett op/pas op]
Rufen Sie bitte schnell …	Belt u direct … [belt ü dierekt]
… einen Krankenwagen.	… een ziekenwagen. [n siekewaachn]
… die Polizei.	… de politie. [de poolietsie]
… die Feuerwehr.	… de brandweer. [de branntwehr]

Es war meine/Ihre Schuld. Het was mijn/uw schuld.
[hett was mein/üw schült]

Geben Sie mir bitte Ihren Geeft U mij alstublieft uw naam en
Namen und Ihre Anschrift. uw adres. [cheeft ü mei alstüblieft üw naam en üw adress]

ESSEN/UNTERHALTUNG

Wo gibt es hier … Waar is hier … [waar is hier …]
  … ein gutes …   … een goed … [en chut]
  … ein nicht zu teures …   … een niet te duur … [en niet te dühr]
  … Restaurant?   … restaurant? [restoorant]
Reservieren Sie uns bitte Wilt u (voor ons) voor vanavond een
für heute Abend einen tafel voor vier personen reserveren?
Tisch für vier Personen. [wilt ü (fohr ons) fohr fanaafont en taafl fohr fier persoonen reeserfeern]

Die Speisekarte, bitte! De kaart, graag!
[de kaart chraach]

Ich nehme … Ik neem … [ik neem]
Bitte ein Glas … Een glas …, alstublieft.
[en chlas … alstüblift]

Auf Ihr Wohl! Proost!/Op uw gezondheid!
[proost/op ü chesontheit]

Die Rechnung, bitte. De rekening, alstublieft.
[de reekening, alstüblieft]

Es stimmt so. Zo is het in orde. [soo iset in orrde]
Wo sind bitte die Toiletten? Waar is het toilet? [waar is hett twalett?]

EINKAUFEN

Wo finde ich … Waar vind ik …
[waar fint ik]
  … eine Apotheke?   … een apotheek? [en aapooteek]
  … eine Bäckerei?   … een bakkerij? [en bakkerei]
  … Fotoartikel?   … fotoartikelen? [footoo-artiklen]
  … ein Kaufhaus?   … een warenhuis? [en wahrenheus]
  … ein Lebensmittelgeschäft? … een kruidenier? [en kreudenier]
  … einen Markt?   … een markt? [en marückt]
Haben Sie …? Heeft u …? [heeft ü]

ÜBERNACHTUNG

Können Sie mir bitte … Kunt u mij … aanbevelen?
empfehlen? [künt ü mei … aanbefeelen]
  … ein gutes Hotel …   … een goed hotel…
        [en chut hootel]
  … eine Pension …   … een pension … [en penschon]

> **www.marcopolo.de/bruessel**

SPRACHFÜHRER

Haben Sie noch Zimmer frei?	Heeft u nog kamers vrij? [heeft ü noch kaamrs frei]
ein Einzelzimmer	een eenpersoonskamer [en eenpersoonskaamr]
ein Doppelzimmer	een tweepersoonskamer [en tweepersoonskaamr]
mit Dusche/Bad	met douche/bad [met dusch/batt]
für eine Nacht	voor een nacht [voor een nacht]
Was kostet das Zimmer mit Frühstück?	Hoeveel kost logies met ontbijt? [huveel kost looschies met onntbeit]

■ PRAKTISCHE INFORMATIONEN

ARZT

Können Sie mir einen guten Arzt empfehlen?	Kunt u mij een goede dokter/arts aanbevelen? [künnt ü mei en chuje doktr/arrts aanbeveelen]
Ich habe hier Schmerzen.	Ik heb hier pijn. [ik hep hier pein]
Ich habe Fieber.	Ik heb koorts. [ik hep koorts]

POST

Was kostet …	Hoeveel kost [huveel kost] …
… ein Brief …	… een brief … [en brief]
… eine Postkarte …	… een briefkaart … [en briefkaart]
… nach Deutschland?	… naar Duitsland? [naar döitslant]
Eine Briefmarke, bitte.	Een postzegel, alstublieft. [en posseechel alstüblieft]

■ ZAHLEN

0	nul [nül]	16	zestien [sestien]	90	negentig [neechentich]
1	één [een]	17	zeventien [seefentien]	100	honderd [hondert]
2	twee [tweh]	18	achttien [achtien]	200	tweehonderd [twehhondert]
3	drie [drie]	19	negentien [neechentien]	1000	duizend [deusent]
4	vier [vier]	20	twintig [twintich]	10000	tienduizend [tiendeusent]
5	vijf [feif]	21	één-en-twintig [een en twintich]	1/2	een half [ünn half]
6	zes [ses]	30	dertig [dertich]	1/4	een vierde, een kwart [ünn vierde, ünn kwart]
7	zeven [seefen]	40	veertig [veertich]		
8	acht [acht]	50	vijftig [feiftich]		
9	negen [neechen]	60	zestig [sestich]		
10	tien [tien]	70	zeventig [seefentich]		
11	elf [ellüff]	80	tachtig [tachtich]		
12	twaalf [twaalüff]				
13	dertien [dertien]				
14	veertien [veertien]				
15	vijftien [feiftien]				

> Die Seiteneinteilung für den Cityatlas finden Sie auf dem hinteren Umschlag dieses Reiseführers.

Mit freundlicher Unterstützung von

kein urlaub ohne

holiday autos

gang einlegen, gas geben, urlaub kommen lassen.

holiday autos vermittelt ihnen ferienmietwagen zu alles inklusive preisen an über 5.000 stationen – weltweit.

CITYATLAS BRÜSSEL

buchen sie gleich:

→ in ihrem reisebüro
→ unter www.holidayautos.de
→ telefonisch unter 0180 5 17 91 91
  (14 ct/min aus dem deutschen festnetz)

kein urlaub ohne
holiday autos

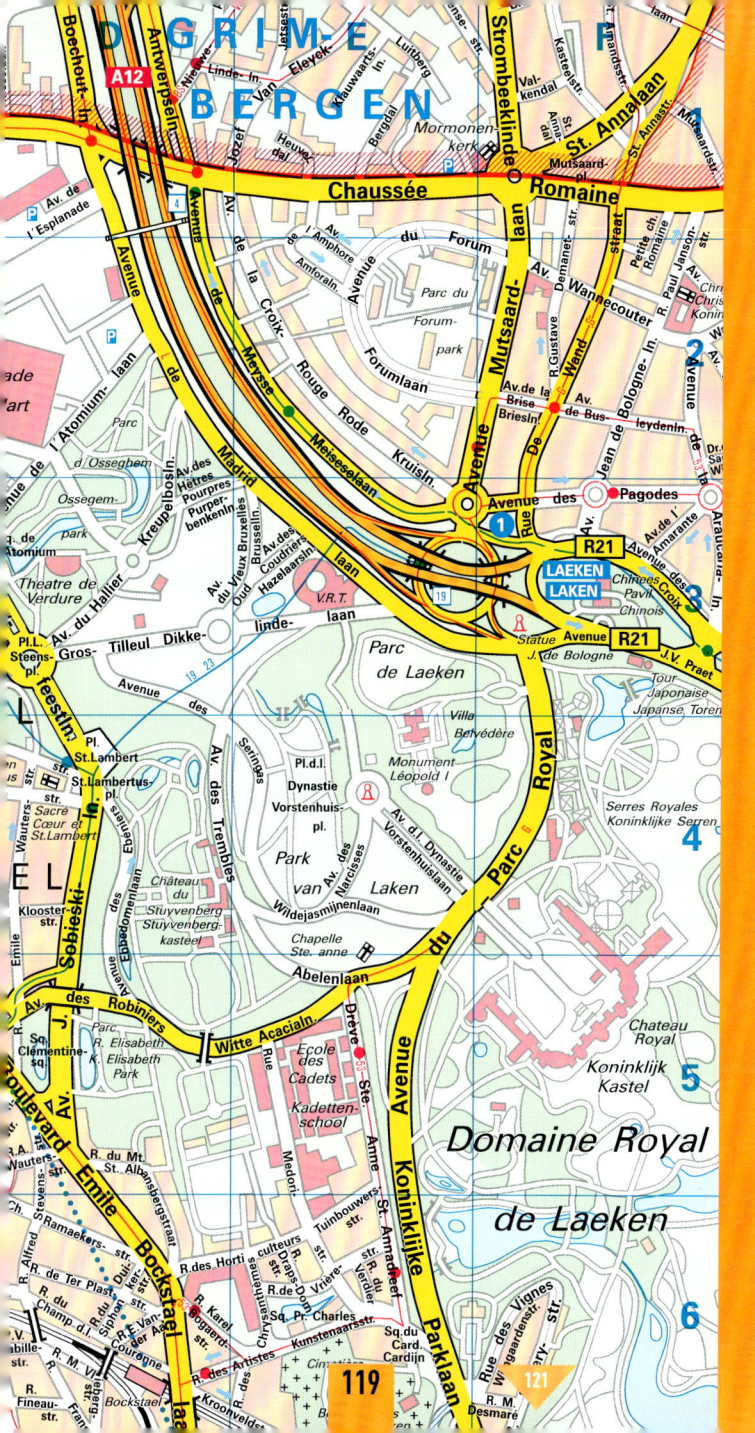

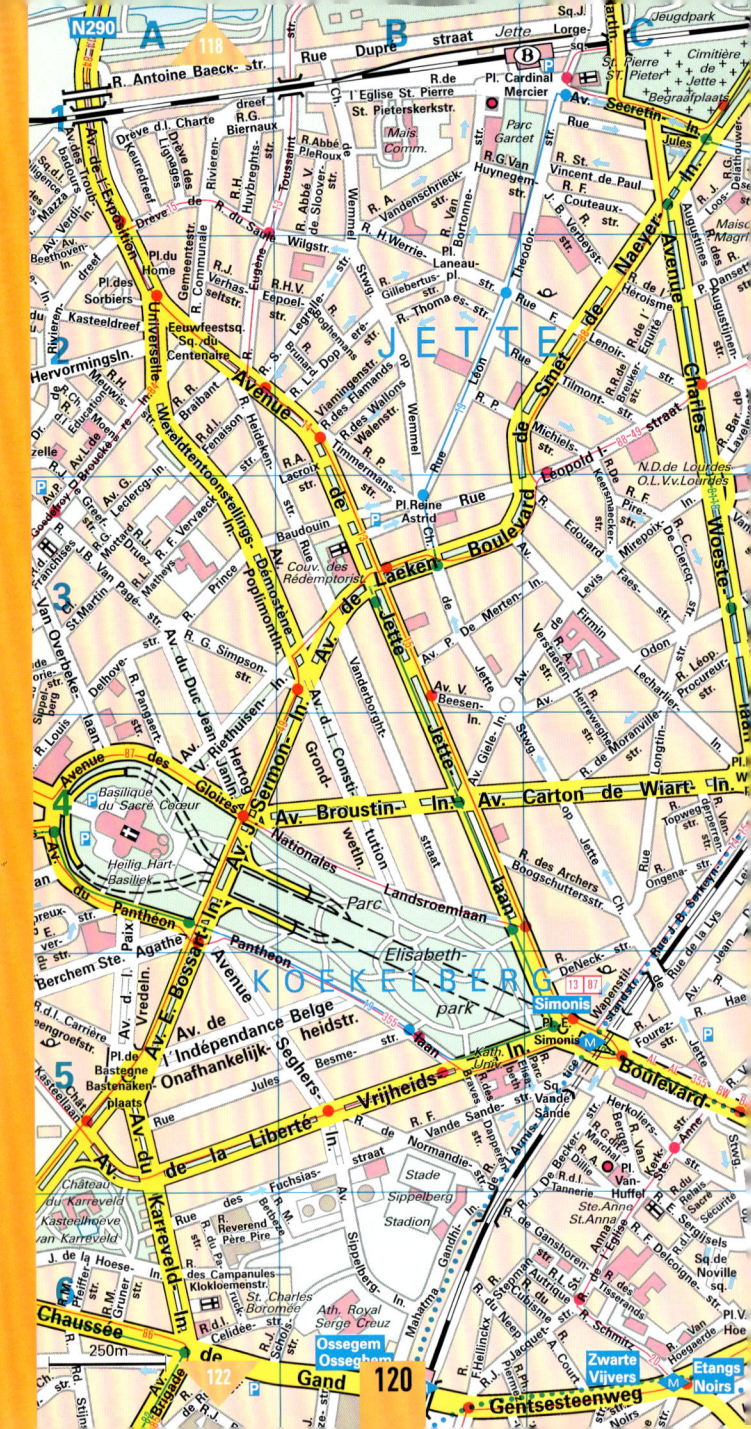

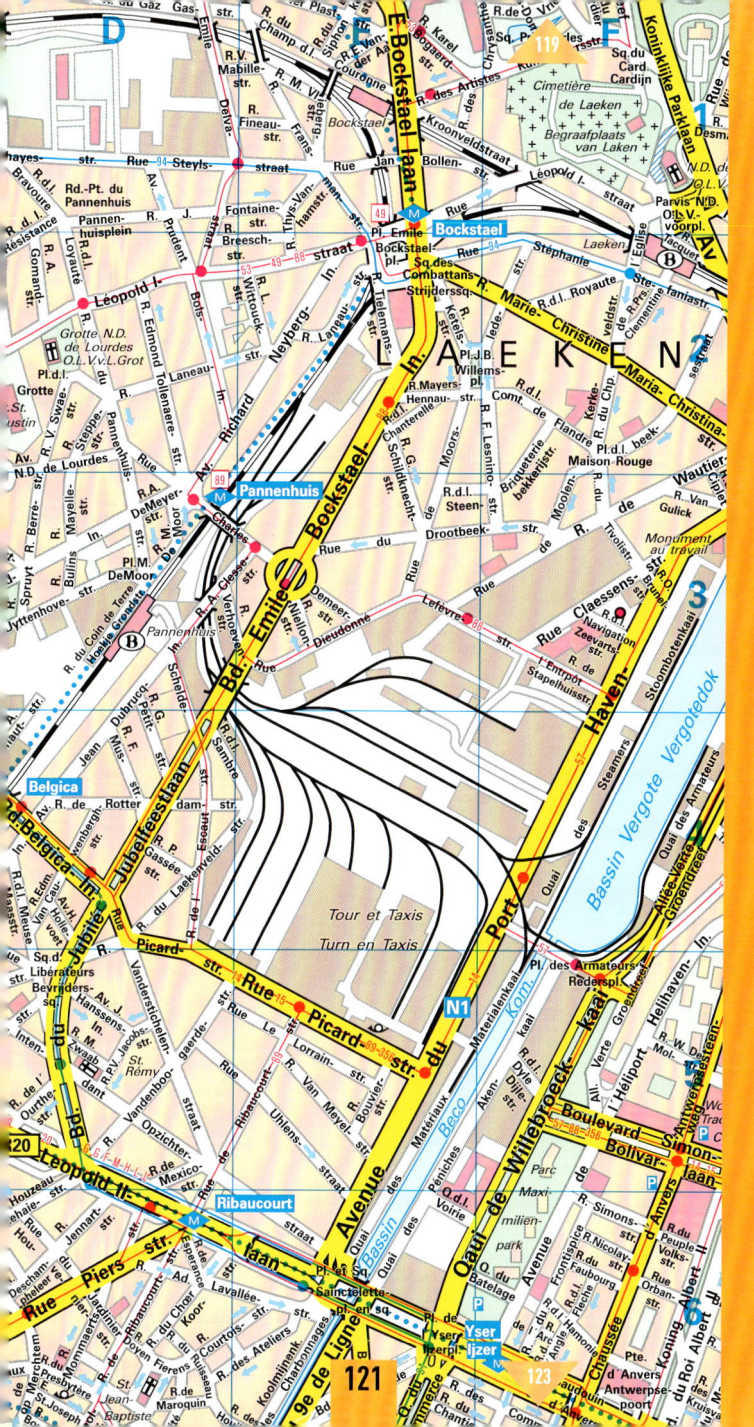

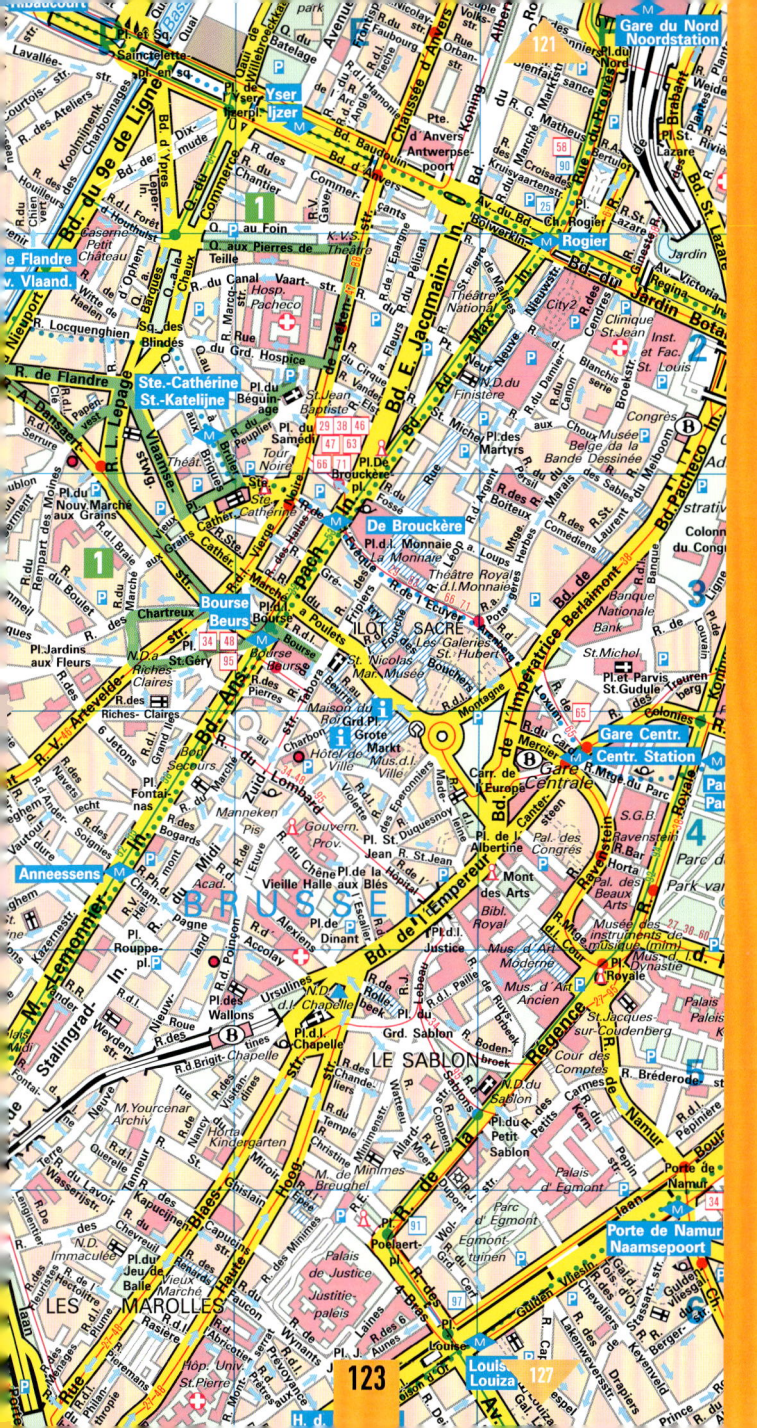

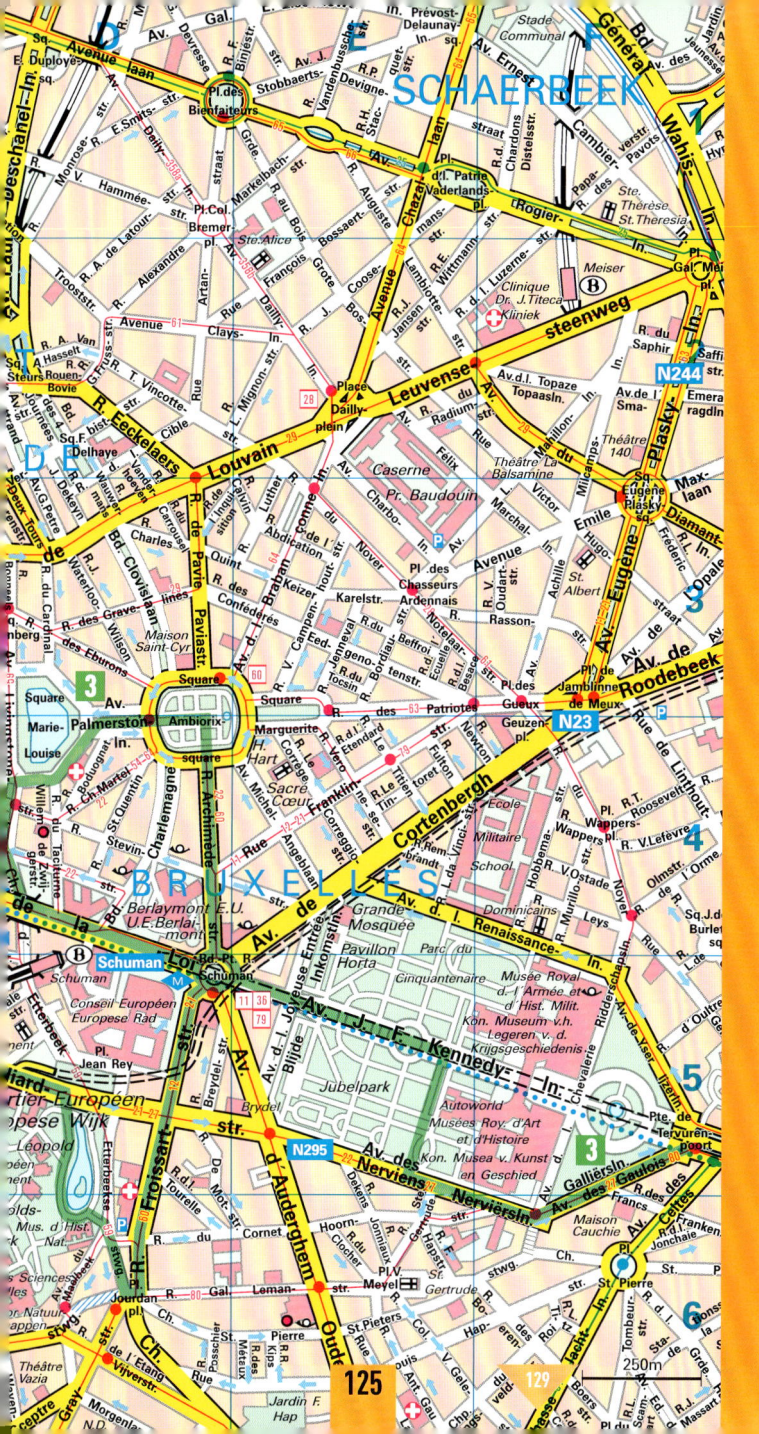

Das Register enthält eine Auswahl der im Cityatlas dargestellten Straßen und Plätze

A

Abattoir, Bd. de l' **122/C3-C4**
Abondance, Rue de l' **124/B1-C1**
Adolphe Buyl, Av. **129/D5-E6**
Adolphe Max, Bd. **123/E2-F2**
Albert, Av. **127/D4-D6**
Albertine, Pl. de l' **123/E4-F4**
Alexiens, Rue des **123/D4-E5**
Alliés, Rue des **126/A6-B4**
Alphonse Vandenpeereboom, Rue **122/A1-A3**
Alsemberg, Ch. d' **126/C6-127/D3**
Ambiorix, Sq. **125/D3-D4**
Anderlecht, Porte d' **122/C4**
Anderlecht, Rue de **122/C4-123/D4**
Anspach, Bd. **123/D4-E3**
Antoine Dansaert, Rue **123/D2-D3**
Antwerpselaan **119/D1**
Anvers, Bd. d' **123/E1**
Anvers, Ch. d' **121/F5-F6**
Anvers, Porte d' **123/E1**
Arbe Bénit, Rue de l' **128/B1-B2**
Archimède, Rue **125/D4**
Arenbergen, Rue d' **123/E3-F3**
Argent, Rue d' **123/E3-F3**
Armand Steurs, Sq. **125/D2**
Armateurs, Pl. des **121/F5**
Arthur Van Gehuchten, Pl. **118/B5**
Arts, Av. des **124/B3-B5**
Astronomie, Av. de l' **124/B2-B3**
Atomium, Av. de l' **119/D2-D3**
Auderghem, Av. d' **125/E5-129/E2**
Auguste Smets, Sq. **122/C3**
Autonomie, Rue de l' **122/C5**
Aviation, Sq. de l' **122/C5**

B

Barques, Quai aux **123/D2**
Barricades, Pl. des **124/B2-B3**
Barthélémy, Bd. **122/C2-C3**
Bastogne, Pl. de **120/A5**
Baudouin, Bd. **123/E1**
Béguinage, Pl. du **123/E2**
Belgica, Bd. **121/D4**
Belliard, Rue **124/B5-125/E5**
Berchem Sainte Agathe, Av. de **120/A4-A5**
Berckmans, Rue **127/E2-F2**
Berlaimont, Bd. de **123/F3**
Besme, Av. **126/C4-C5**
Bienfaiteurs, Pl. des **125/D1-E1**
Birmingham, Rue de **122/A4-B3**
Bischoffsheim, Bd. **124/B3-B3**
Blaes, Rue **123/D6-E5**
Blindés, Sq. des **123/D2**
Bodenbroeck, Rue **123/E5-F5**
Boechoutlaan **119/D1**
Boondael, Ch. de **128/C3-129/E5**
Bosnie, Rue de **126/C3**
Bouchers, Rue des **123/E3**
Boulevard, Av. du **123/F1-F2**
Bourse, Pl. de la **123/E3**
Bourse, Rue de la **123/E3**
Brabançonne, Av. de la **125/E2-E3**
Brigade, Av. **120/A6**
Brogniez, Rue **122/B6-C5**
Broustin, Av. **120/A4-B4**
Brugmann, Av. **127/D6-E4**
Bruxelles, Ch. de **126/A6-B4**

C

Cambre, Bd. de la **128/C6-129/D6**
Cantersteen **123/F3**
Cardinal Mercier, Rue du **123/E4-F3**
Carton de Wiart, Av. **120/B4-C4**
Casernes, Rue des **129/E2-E3**
Celtes, Av. des **125/F5-F6**
Centenaire, Bd. du **118/C2-119/D4**
Centenaire, Pl. du **118/C2**
Centenaire, Sq. du **120/A2**
Chapelle, Pl. de la **123/E5**
Charbonnages, Quai des **122/C2-123/D1**
Charité, Rue de la **124/C3**
Charlemagne, Bd. **125/D4**
Charleroi, Ch. de **127/E4-F2**
Charles Rogier, Pl. **123/F1-F2**
Charles Woeste, Av. **120/C1-C4**
Chasse, Av. de la **129/E2-F1**
Chasseurs Ardennais, Pl. des **125/E3**
Chaux, Quai à la **123/D2**
Chevreuil, Rue du **123/D6**
Choux, Rue aux **123/F2**
Cible, Rue de la **125/D2-D3**
Cité Jardin, Rond-Point de la **118/A4-B4**
Clémentine, Sq. **119/D5**
Clovis, Bd. **125/D3**
Colonel Bremer, Pl. **125/D1-D2**
Combattants, Sq. des **121/E2**
Commerce, Quai du **123/D1-E1**
Congrès, Pl. du **124/B3**
Congrès, Rue du **124/B3**
Conseil, Pl. du **122/B5**
Constitution, Av. de la **120/B3-B4**
Constitution, Pl. de la **122/C5-C6**
Cortenbergh, Av. de **125/E4-F4**
Couronne, Av. de la **128/C2-129/F6**
Croisades, Rue des **123/F1**

D

Dailly, Av. **125/D1-E2**
Dailly, Pl. **125/E2**
De Brouckère, Pl. **123/E2-E3**
De Wand, Rue **119/F1-F3**
Defacqz, Rue **127/E3-F3**
Démosthène Poplimont, Av. **120/A3-B3**
Deux Tours, Rue des **124/C2-125/D3**
Deuxième Armée Britannique, Bd. de la **126/A5**
Deuxième Régiment de Lanciers, Av. du **129/E3-F4**
Diamant, Av. du **125/F2-F3**
Diane, Av. de **128/C6**
Dieudonné Lefèvre, Rue **121/E3-F3**
Dinant, Pl. de **123/E4-E5**
Docteur De Meersman, Rue **122/B5-C5**
Drapiers, Rue des **128/A1**
Dublin, Rue de **124/B6**
Ducale, Rue **124/B3-B5**
Duchesse de Brabant, Pl. de la **122/B3**
Ducpétiaux, Av. **127/D4-E4**
Dupont, Rue **124/B1**
Dynastie, Pl. de la **119/E4**

E

Ecosse, Rue d' **127/E2**
Eeckelaers, Rue **125/D2**
Emile Bockstael, Bd. **119/D5-121/E3**
Emile Bockstael, Pl. **121/E1-E2**
Emile Bossaert, Av. **120/A4-A5**
Emile Carpentier, Rue **122/A6**
Emile De Mot, Av. **128/C5-C6**
Emile Duployé, Sq. **125/D1**
Emile Duray, Av. **128/C5-C6**
Empereur, Bd. de l' **123/E4-E5**
Eperonniers, Rue des **123/E4**
Etang, Rue de l' **129/D1**
Etoile, Rond-Point de l' **129/D5-D6**
Eudore Pirmez, Av. **129/E2**
Eugène Plasky, Av. **125/F2-F3**
Eugène Plasky, Sq. **125/F3**
Eugène Simonis, Pl. **120/C5**
Europe, Bd. d' **122/C6**
Europe, Carrefour de l' **123/E4-F4**
Evêque, Rue de l' **123/E3**
Everard, Av. **126/C6**
Exposition Universelle, Av. de l' **120/A1-A3**

F

Faucon, Rue du **127/D1-E1**
Félix Delhaye, Sq. **125/D2**
Fernand Demets, Quai **122/A4-A5**
Fiennes, Rue de **122/B5-C5**
Firmin Lecharlier, Av. **120/C3-C4**
Flandre, Porte de **122/C2**
Flandre, Rue de **123/D2-D3**
Fleurs, Rue aux **123/E2**
Fonsny, Av. **126/B2-C1**
Fontainas, Pl. **123/D4**
Forêt d'Houthulst, Rue de la **123/D1-D2**
Fossé aux Loups, Rue du **123/E3-F3**
Fourche, Rue de la **123/E3**
France, Rue de **126/B2-C1**
Franklin Roosevelt, Av. **128/C6-129/D6**
Fripiers, Rue des **123/E3**
Froissart, Rue **125/D5-D6**

G

Galilée, Av. **124/B2**
Gand, Ch. de **120/A6-122/C2**
Gaulois, Av. des **125/F5-F6**
Général Jacques, Bd. **129/D5-F3**
Général Leman, Rue **125/D6-E6**
Gloires Nationales, Av. des **120/A4-B4**
Goffart, Rue **128/C1-C2**
Grand Cerf, Rue du **123/E6**
Grand Place **123/E4**
Grand Sablon, Pl. du **123/E5**
Grande Ile, Rue de la **123/D3-D4**
Grande Rue au Bois **125/E1-E2**
Guillaume Van Haelen, Bd. **126/A5-B4**

H

Hectolitre, Rue de l' **123/D6**
Henri Jaspar, Av. **127/D2-E2**
Héros, Pl. des **126/C2**
Hôtel des Monnaies, Rue de l' **127/D3-E2**
Houba de Strooper, Av. **118/A2-C5**
Houblon, Rue du **122/C3-123/D3**

I

Impératrice, Bd. de l' **123/F3-F4**
Impératrice Charlotte, Av. **118/B2-C2**
Ixelles, Ch. d' **128/A1-C3**

J

Jacques Sermon, Av. **120/A4-B3**
Jamar, Bd. **122/C5**
Jamblinne de Meux, Pl. de **125/F3**
Jardin aux Fleurs, Pl. du **123/D3**
Jean Jacobs, Pl. **127/E1**
Jean Joseph Crocq, Av. **118/A4-B5**
Jean Sobieski, Av. **119/D4-D5**
Jean Volders, Av. **127/D2**
Jette, Av. de **120/A2-C5**
Jeu de Balle, Pl. du **123/D6**
John F. Kennedy, Av. **125/E5-F5**
Joseph de Heyn, Av. **118/A3-A4**
Joseph Dupont, Rue **123/E6**
Jourdan, Pl. **125/D6**
Joyeuse Entrée, Av. de la **125/E4-E5**
Jubilé, Bd. du **121/D4-D5**
Julien Dillens, Pl. **127/E2**
Jupiter, Av. **126/B6-C5**
Justice, Pl. de la **123/E4-E5**

STRASSENREGISTER

K
Karreveld, Av. du 120/A5-A6
Keyenveld, Rue 128/A1-B2

L
Laeken, Av. de 120/B3
Laeken, Rue de 123/E1-E2
Laines, Rue aux 123/E6-127/D1
Legrand, Av. 128/B6-C6
Léon Delacroix, Rue 122/A4
Léon Lepage, Rue 123/D2-D3
Léon Mahillon, Rue 125/E3-F2
Léon Wielemans, Pl. 126/A4
Léopold II, Bd. 120/C5-121/E6
Léopold Procureur, Rue 120/C3
Libérateurs, Sq. de 121/D5
Liberté, Av. de la 120/A5-B5
Liberté, Pl. de la 124/B3
Linthout, Rue de 125/F3-F4
Livingstone, Av. 125/D3-D4
Locquenghien, Rue 123/D2
Loi, Rue de la 124/A4-125/F5
Longue Haie, Rue de la 128/A2-B2
Louis Lepoutre, Av. 127/E5-F5
Louis Steens, Rue 119/D3
Louise, Av. 128/A1-C6
Louise, Pl. 127/E1
Louvain, Ch. de 124/C3-125/F2
Louvain, Pl. de 124/A3
Luxembourg, Pl. du 124/C5

M
Madou, Pl. 124/B3
Madrid, Av. de 119/D1-E3
Maes, Rue 128/B2-C2
Malibran, Rue 128/C2-C3
Malines, Rue de 123/F4-F5
Marché au Charbon, Rue du 123/D4-E4
Marché aux Poulets, Rue du 123/E3
Marcq, Rue 123/D2
Marie Depage, Rue 127/E6-F6
Marie-Louise, Sq. 125/D3-D4
Mariemont, Quai de 122/A4-B3
Marnix, Av. 124/B5
Marteau, Rue du 124/C3-C4
Martyrs, Pl. des 123/F2
Maurice Lemonnier, Bd. 122/C5-123/D4
Meeus, Sq. de 124/B5
Merchtem, Ch. de 122/C1
Mérode, Rue de 126/A4-C1
Meysse, Av. de 119/D1-E3
Midi, Bd. du 122/C4-123/D6
Midi, Rue du 123/D4-E4
Molière, Av. 126/C6-128/B6
Monnaie, Pl. de la 123/E3
Monrose, Rue 125/D1
Mons, Ch. de 122/A6-C4
Montagne aux Herbes Potagères, Rue 123/F3
Montagne de la Cour, Rue 123/F4-F5
Montagne du Parc, Rue 124/A4
Montagne, Rue de la 123/E4-F3
Moulin, Rue du 124/B2-C2
Mutsaard, Av. 119/E2-F1

N
Namur, Rue de 124/A5
Nation, Pl. de la 124/B4
Nerviens, Av. des 125/E5-F6
Neuve, Rue 123/E3-F2
Neuvième de Ligne, Bd. du 123/D1-D2
Nicolas Doyen, Rue 122/A3-A4
Nieuport, Bd. du 123/D2
Ninove, Ch. de 122/A3-C3
Ninove, Pl. de 122/C3
Notre-Dame du Sommeil, Rue 122/C3-123/D3
Nouveau Marché aux Grains, Pl. du 123/D3

O
Onze Novembre, Av. du 129/F2
Otlet, Rue 122/C4-C5

P
Pachéco, Bd. 124/A2-A3
Paille, Rue de la 123/E5
Paix, Av. de la 120/A4-A5
Paix, Rue de la 128/A1-A2
Palais, Pl. des 124/A4-B5
Palmerston, Av. 125/D3-D4
Panthéon, Av. du 120/A4-B5
Parc Royal, Av. du 119/E6-F3
Parc, du 126/C4-127/D3
Paul-Henri Spaak, Av. 122/C5-C6
Pavie, Rue de 125/D3
Pélican, Rue du 123/E2
Petit Sablon, Pl. du 123/F5
Petite Ile, Rue de la 126/A2
Petite Rue au Beurre 123/E3
Philippe Baucq, Rue 129/D2-E2
Philippe Werrie, Pl. 120/C4
Philomène, Rue 124/C1
Picard, Rue 121/D4-E5
Piers, Rue 120/C6-121/D6
Place Bara, Pl. 122/C5
Place Royale, Pl. 123/F5
Plaine, Bd. de la 129/E4-F5
Plantes, Rue aux 124/A1-B1
Poelaert, Pl. 123/E6
Poincaré, Bd. 122/C4-C5
Poinçon, Rue du 123/D4-D5
Pont Neuf, Rue du 123/E2-F2
Port, Av. du 121/E6-F3
Porte de Hal, Av. de la 122/C6-127/D2
Potagère, Rue 124/C1-C2
Prairie, Rue de la 124/A1-B1
Presse, Rue de la 124/B3
Prince Albert, Rue de 128/A1-B1
Prince Léopold, Sq. 118/C5-119/D5

Q
Quatre Bras, Rue de 123/E6
Quatre Journées, Rue des 125/D2
Quatre Vents, Rue des 122/A3-C2
Quetelet, Pl. 124/B2

R
Rasière, Rue de la 127/D1
Ravenstein, Rue 123/F4
Raymond Blyckaerts, Pl. 128/C2
Régence, Rue de la 123/E6-F5
Régent, Bd. du 124/A5-B3
Reine Marie-Henriette, Av. 126/B4-C4
Remblai, Rue du 127/D1
Renaissance, Av. de la 125/E4-F5
Renards, Rue des 123/D6
Robert Schuman, Rond-Point 125/D5-E5
Robiniers, Av. des 119/D5-E5
Rochefort, Pl. de 126/C4
Rodebeek, Av. de 125/F3
Rogier, Av. 125/F2
Roi, Av. du 126/B2-C4
Roi Albert II, Av. du 121/F6-123 E1-F1
Romaine, Rue 118/A2-119/F1
Ropsy Chaudron, Rue 122/A4-B5
Rouppe, Pl. 123/D4-D5
Royale, Rue 123/F4-124/B1
Rue du Lombard, Rue du 123/D4-E4
Ruysbroeck, Rue de 123/E5-F5

S
Sables, Rues des 123/F3
Sablons, Rue des 123/E5
Sacré Coeur, Av. du 118/B5-B6
Sainctelette, Pl. et Sq. 121/E6
Saint-Denis, Rue 126/A4-A5
Sainte-Anne, Drève 119/E5-E6
Sainte-Catherine, Pl. 123/D3-E3
Sainte-Catherine, Rue 123/D3
Sainte-Gudule, Pl. 124/A3
Sainte-Marie, Rue 122/C2-123/D2
Saint-François, Rue 124/B1
Saint-Géry, Pl. 123/D3
Saint-Jean, Pl. 123/E4
Saint-Lambert, Pl. 119/D4
Saint-Lazare, Bd. 124/A1-B2
Saint-Lazare, Pl. 124/A1
Saint-Pierre, Rue 123/E2-F2
Sceptre, Rue du 128/C2-129/D1
Schaerbeek, Porte de 124/B2
Secretin, Av. 120/C1
Seghers, Av. 120/A4-B5
Six Aunes, Rue des 127/E1
Six Jetons, Rue des 123/D3-D4
Smet de Naeyer, Bd. de 118/C5-120/B3
Source, Rue de la 127/E2
Stéphanie, Pl. 127/F2
Stéphanie, Rue 121/E2-F2
Strombeeklinde 119/F1

T
Tabora, Rue de 123/E3
Taciturne, Rue du 125/D3
Tenbosch, Rue de 128/A5-B4
Tervueren, Porte de 125/F5
Théodore Verhaegen, Rue 126/B2-127/D3
Toison d'Or, Av. de la 127/E1-F1
Treurenberg 124/A3
Trèves, Rue de 124/C4-C6
Triangle, Pl. de 122/B3-C3
Triomphe, Bd. du 129/F3-F5
Trône, Pl. du 124/B5
Trône, Rue du 124/B5-128/C2

V
Van Artevelde, Rue 123/D3-D4
Van Hammée, Rue 125/D1
Van Lint, Rue 122/A5-B5
Van Volxem, Av. 126/A6-B2
Vander Elst, Rue 123/E2
Vandernoot, Rue 120/C5-121/D5
Verbist, Rue 124/C3-125/D2
Verboeckhaven, Rue 124/C1-C2
Verdure, Rue de la 123/D4
Vétérinaires, Rues des 126/A1-B2
Victor Jacobs, Av. 129/D2-E2
Victor Rousseau, Av. 116/B6-C6
Victoria Regina, Av. 124/A2-B2
Vierge Noire, Rue de la 123/E3
Vieux Marché aux Grains, Rue du 123/D3
Violette, Rue 123/E4
Vital Riethuisen, Av. 120/A3-A4
Vleurgat, Ch. de 128/B5-C3
Vonck, Rue 124/C2

W
Wallons, Pl. des 123/D5-E5
Washington, Rue 128/B3-B5
Waterloo, Bd. de 127/D2-F1
Waterloo, Ch. de 127/D2-128/B6
Wavre, Ch. de 124/B6-129/F3
Wielemans Ceuppens, Av. 126/A4-B4

Y
Ypres, Bd. d' 123/D1
Yser, Pl. de l' 121/E6

KARTENLEGENDE

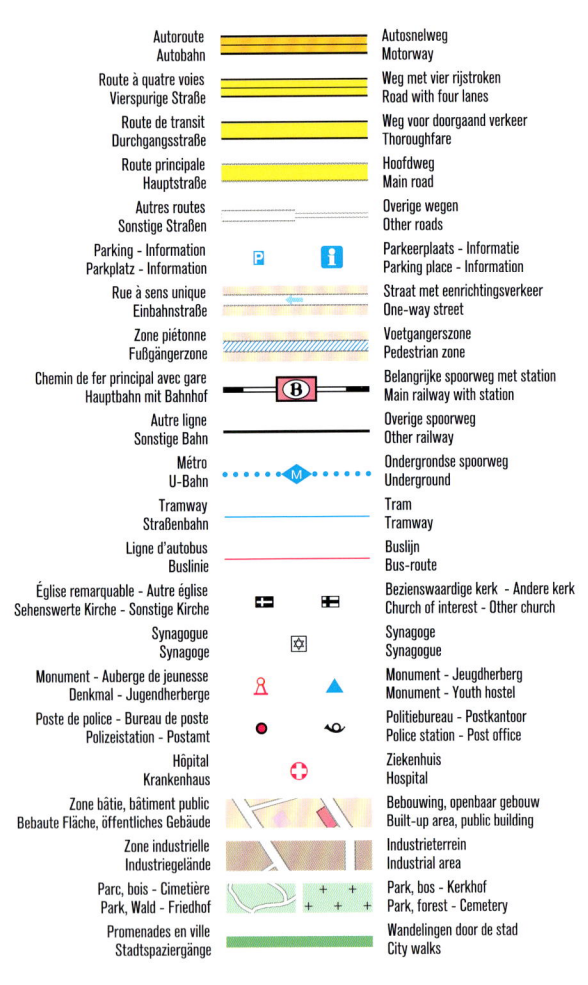

anzeige

über den daten-highway zu mehr spaß auf allen anderen straßen:

kein urlaub ohne
holiday autos

15 euro rabatt sichern! sms mit **HOLIDAY** an **83111***
(49 cent/sms)

so einfach geht´s:
senden sie das wort **HOLIDAY** per sms an die nummer **83111*** (49 cent/sms) und wir schicken ihnen ihren rabatt-code per sms zurück. mit diesem code erhalten sie 15 euro preisnachlass auf ihre nächste mietwagenbuchung! einzulösen ganz einfach in reisebüros, unter der hotline 0180 5 17 91 91 (14 cent/min) oder unter www.holidayautos.de (mindestalter des mietwagenbuchers: in der regel 21 jahre). der code ist gültig für buchung und mietbeginn bis 31.12.2010 für eine mindest-mietdauer von 5 tagen. der rabattcode kann pro mobilfunknummer nur einmal angefordert werden. dieses angebot ist gültig für alle zielgebiete aus dem programm von holiday autos nach verfügbarkeit.

*vodafone-kunden: 12 cent vodafone-leistung + 37 cent zusatzentgelt des anbieters.
teilnahme nur mit deutscher sim-karte möglich.

REGISTER

In diesem Register finden Sie alle Sehenswürdigkeiten, Museen und Ausflugsziele sowie wichtige Sachbegriffe und Personen. Beim Alphabet bleiben die französischen Artikel (la, le, les sowie de, de la, des) unberücksichtigt. Halbfette Seitenzahlen verweisen auf den Haupteintrag, kursive auf ein Foto.

Abbaye de la Cambre 91
Afrika-Museum 10, 40, **55**
Armeemuseum 35, 43
Art déco 11, 23, 30, 36, 45, 50, 51, 76, 91. 92
Art nouveau siehe Jugendstil
Atomium 7, **47**
Autoworld 39f., 43
Avenue Brugmann 43f.
Avenue F. D. Roosevelt 91
Avenue de Tervuren 40f., 42
Barbara 18
Basilique Nationale du Sacré-Cœur 31, **48**
Belgisches Comic-Zentrum 24f.
Berlaymont 16, **40**, 92
Beursschouwburg 20
Bobos 16f.
Bois de la Cambre 37
Le Botanique 20
Botanischer Garten 31f.
Boulevard Anspach *88/89*
Bourse (Börse) **11**, 23, **24**, 88
Brauereimuseum 50
Brel, Jacques **17f.**, 25, 28, 49, 72
Brusk Skatepark 86
Bruxella 1238 (Museum) 88
La Cambre 19, 91
Canal du Centre 96ff.
Cathédrale Saint-Michel 21, **30f.**
Centre Belge de la Bande Dessinée 24f.
Centre Ville 23ff.
Charlemagne *8/9*, 92
Château de Laeken 39, **48**
Chinesischer Pavillon 48
Cimetière du Dieweg 48
Cimetière d'Ixelles 92
Claircolline 99
Comics 22, **24f.**, 48, 64f., 95, 104
Consilium 92
Dansaert-Viertel 12, 13
Eglise des Brigittines 21
Eglise des Minimes 21
EU-Kommission 16, **40**, 92
Europaparlament *16/17*, 92
Europaviertel 7, 18, 23, **38ff.**, 106
Ferme du Caillou 99
Fischmarkt *70/71*
Flagey **76**, 91
Fondation Folon 99
Fondation Jacques Brel 24
Forêt de Soignes 37, 86, 98
Freie Universität 16, 91
Galeries Bortier 63
Galeries Saint-Hubert **25f.**, 63
Gare du Midi 19, 67
Grande-Île 88ff.

Grand' Place 9f., 18, 21, 23, **26f.**, 70
Gueuze 9, 50, 60, 65, 103, 104
Hergé 48, 95
Heysel 20
Les Hiboux 45
Historisches Museum 26, **28**
Horta, Victor 24, **30**, 36, 42, 43, 45, 46, 76, 92, 93
Hospice Pachéco 90
Hôtel Delhaye 92
Hôtel Dubois 45
Hôtel van Eetvelde 92
Hôtel Hannon 45
Hôtel Tassel 30
Hôtel de Ville 7, 9, 23, 26
Îlot Sacré **27f.**, 140
Ixelles 17, **43**, 70
Japanischer Turm 48
Jardin Botanique 31f.
Jardin Jean-Félix Hap 40
Jugendstil 10, 23, **30**, 42, 43, 45, 46, 66, **92f.**, 104, 139
Justizpalast 30, 33, 35, **36f.**
Kathedrale 21, **30f.**,
Königlich-Belgische Kunstmuseen 34
Königspalast 21, 30, 32, 35, **37**
Koninklijke Vlaamse Schouwburg 90f.
La Loge 45
Maison Bellone 90
La Maison blanche 45
Maison Cauchie 41, 93
Maison d'Erasme 49
Maison Haerens 45
Maison Magritte 49
Maison de la Radio **76**, 91
Maison du Roi 26, 28
Maison Saint-Cyr 92
Manneken Pis 28, *29*
Marché aux Poissons *70/71*
Marolles, Les 30, **32f.**, 35, 36, 62, 66, 70
Matongé-Viertel 9, 18, **45f.**
Mont des Arts 30ff., **33**, *87*
Musée Antoine Wiertz 92
Musée belge de la Franc-maçonnerie 90
Musée Belvue 35
Musée David et Alice van Buuren 50
Musée de la Gueuze 50
Musée Horta 46
Musée des Instruments de Musique 34
Musée d'Ixelles 91
Musée du Jouet 87
Musée Royal de l'Afrique Centrale 10, 40, **55**
Musée Royal de l'Armée et de l'Histoire Militaire 35, 43

Musée des Sciences Naturelles **41f.**, **87**, 92
Musée Wellington 99
Musée Royal de l'Armée 35, 42
Musées Royaux d'Art et d'Histoire 34f., **42**, 43
Musées Royaux des Beaux-Arts de Belgique 34f.
Museum für Kunst und Geschichte 34f., **42**, 43
Musikinstrumentenmuseum 34
Namur 100f.
Naturwissenschaftliches Museum **41f.**, **87**, 92
Neptun-Brunnen 48
Nivelles 99
Notre-Dame de la Chapelle 35
Notre-Dame du Sablon 35f.
O'Butte du Lion *96/97*, 99
Océade 87
Oper 11, 23, **30**, **77**, 107
Palais des Académies 36
Palais des Beaux-Arts 11, 20, 21, **36**, **76**, 86, 107
Palais d'Egmont 38
Palais de Justice 30, 33, 35, **36f.**
Palais de la Nation 30, **37**
Palais du Roi 21, 30, 32, 35, **37**
Palais Stoclet 30, **42**
Parc de Bruxelles 37f.
Parc du Cinquantenaire 10, 35, 40, **42f.**, 93
Parc d'Egmont 38
Parc Léopold 92
Parlament 30, **37**
Pavillon des Passions Humaines 43, 93
Piscine Victoir Boin 51
Place du Châtelain 21, 46, 62, 67
Place Flagey 67, 91
Place Georges Brugmann **47**, 49, 62
Place du Grand Sablon 20, 21, **38f.**, *54*, 62, 67
Place du Jeu de Balle 33, 67
Place Jourdan 92
Place des Martryrs 29
Place du Petit Sablon 38
Place Royale *22/23*, 39
Place du Sablon 30, **38f.**, 70
Place Sainte-Catherine 29, 67, 90
Place Saint-Géry *18*, **29**, 88
Place Wiener 67
Porte de Flandre 90
Porte de Hal 47
Porte Louise 38
Pralinen 69
Quartier Européen 7, 18, 23, **38ff.**
Quartier Nord 10

> www.marcopolo.de/bruessel

IMPRESSUM

Rathaus 7, 9, 23, 26
Riches-Claires 89
Ronquières 96f.
Rue Antoine Dansaert 12, 13, 19, 23, 63, 68, 70, 89, 94
Rue Archimède 92f.
Rue des Bouchers 27, 52/53
Rue de Brabant 62f.
Rue Sainte-Catherine 90
Rue Vautier 92, 93
Saint-Gilles 17, 43ff., 47, 70
Saint-Jacques-Viertel 13

Saint-Jean-Baptiste au Béguinage 29, 90
Saint-Nicolas au Marché 29f.
Sainte-Cathérine 29
Sainte-Marie 31f., 39
Saints-Pierre-et-Guidon 51
Schatz von Hugo von Oignies 100
Seneffe 98, 99f.
Spielzeugmuseum 87
Square Marie-Louise 92
Stade Constant Vanden Stock 75
Stade Edmond Machtens 75

Strépy-Bracquegnies 97
Strépy-Thieu 98
Tervuren 10, 51
Théâtre Royal de la Monnaie 11, 23, 30, 77, 107
Tour et Taxis 20, 21
Tour de la Vierge-Noire 90
Triumphbogen 10, 35, 40, 43, 86, 93
Uccle 50
Université Libre de Bruxelles 16, 91
Waterloo 98f.
Wiels 51

> SCHREIBEN SIE UNS!

Liebe Leserin, lieber Leser,

wir setzen alles daran, Ihnen möglichst aktuelle Informationen mit auf die Reise zu geben. Dennoch schleichen sich manchmal Fehler ein – trotz gründlicher Recherche unserer Autoren/innen. Sie haben sicherlich Verständnis, dass der Verlag dafür keine Haftung übernehmen kann.

Wir freuen uns aber, wenn Sie uns schreiben.

Senden Sie Ihre Post an die
MARCO POLO Redaktion,
MAIRDUMONT, Postfach 31 51,
73751 Ostfildern,
info@marcopolo.de

IMPRESSUM

Titelbild: Atomium (inmagine: Pixtal)
Fotos: Altern Actif: Pierre Amerlyng (15 o.); Louise Assomo: Dario Alvarez (14 u.); S.-C. Bettinger (139); Carol Cohen/Thalys (12 o.); © CHEZ LEON: Vincent Duterme (94 u.r.); FAN travelstock: Rufenach (54); R. Freyer (U. M., U. r., 2 l., 2 r., 3 l., 3 M., 3 r., 11, 16/17, 18, 19, 26, 31, 34, 45, 57, 58, 60, 62/63, 64, 66, 74, 77, 78/79, 80, 83, 84, 86/87, 87, 93, 101, 116/117); Gallery Gabrichidze: Olena Omelchenko (14 o.); HB Verlag: Kluyver (22/23, 36); Huber: Da Ros (28); inmagine: Pixtal (1); © iStockphoto.com: alaincouillaud (15 u.), CostinT (95 M.l.), dwphotos (13 o.), Hemp (94 M.l.), philpell (13 u.); Laif: Hahn (61, 105), Hemispheres (96/97); Livia Kova: Chris Pulleyn (95 o.r.); F. Monheim (98); Nemo 33: Frédéric Buyle (94 M.r.); OPT: J.-P. Remy (33, 39, 68, 90); Le Pain Quotidien: Jean-Pierre Gabriel (94 o.l.); Pinto & Co S. A.: Jean-Pierre Gabriel (15 M.); O. Stadler (6/7, 8/9, 40, 88/89); T. Stankiewicz (52/53, 70/71); Tasso: Stefanie Geerts (12 u.); M. Thomas (4 r., 5, 72); Toerisme Vlaanderen: (42, 43, 46, 48, 86); Bruessels Gewest (U. l.), A. Kouprianoff (20/21, 50), Van Hulst (29), Weichselbaum (21); The Wax Club: Hubert Delouvroy (95 u.r.); S. Weidemann (20); Zefa: Streichan (4 l.)

4. (11.), aktualisierte Auflage 2008
© MAIRDUMONT GmbH & Co. KG, Ostfildern
Verlegerin: Stephanie Mair-Huydts; Chefredaktion: Michaela Lienemann, Marion Zorn
Autor: Sven-Claude Bettinger; Redaktion: Karin Liebe
Programmbetreuung: Leonie Dlugosch, Nadia Al Kureischi; Bildredaktion: Barbara Schmid, Gabriele Forst
Szene/24h: wunder media, München
Kartografie Reiseatlas: © Falk Verlag, Ostfildern
Innengestaltung: Zum goldenen Hirschen, Hamburg; Titel/S. 1–3: Factor Product, München
Sprachführer: in Zusammenarbeit mit Ernst Klett Sprachen GmbH, Stuttgart, Redaktion PONS Wörterbücher
Das Werk einschließlich aller seiner Teile ist urheberrechtlich geschützt. Jede urheberrechtsrelevante Verwertung ist ohne Zustimmung des Verlages unzulässig und strafbar. Das gilt insbesondere für Vervielfältigungen, Übersetzungen, Nachahmungen, Mikroverfilmungen und die Einspeicherung und Verarbeitung in elektronischen Systemen.
Printed in Germany. Gedruckt auf 100% chlorfrei gebleichtem Papier

FÜR IHRE NÄCHSTE REISE
gibt es folgende MARCO POLO Titel:

DEUTSCHLAND
Allgäu
Amrum/Föhr
Bayerischer Wald
Berlin
Bodensee
Chiemgau/Berchtesgadener Land
Dresden/Sächsische Schweiz
Düsseldorf
Eifel
Erzgebirge/Vogtland
Franken
Frankfurt
Hamburg
Harz
Heidelberg
Köln
Lausitz/Spreewald/Zittauer Gebirge
Leipzig
Lüneburger Heide/Wendland
Mark Brandenburg
Mecklenburgische Seenplatte
Mosel
München
Nordseeküste Schleswig-Holstein
Oberbayern
Ostfriesische Inseln
Ostfriesland/Nordseeküste Niedersachsen/Helgoland
Ostseeküste Mecklenburg-Vorpommern
Ostseeküste Schleswig-Holstein
Pfalz
Potsdam
Rheingau/Wiesbaden
Rügen/Hiddensee/Stralsund
Ruhrgebiet
Schwäbische Alb
Schwarzwald
Stuttgart
Sylt
Thüringen
Usedom
Weimar

ÖSTERREICH | SCHWEIZ
Berner Oberland/Bern
Kärnten
Österreich
Salzburger Land
Schweiz
Tessin
Tirol
Wien
Zürich

FRANKREICH
Bretagne
Burgund
Côte d'Azur/Monaco
Elsass
Frankreich
Französische Atlantikküste
Korsika
Languedoc-Roussillon
Loire-Tal
Normandie
Paris
Provence

ITALIEN | MALTA
Apulien
Capri
Dolomiten
Elba/Toskanischer Archipel
Emilia-Romagna
Florenz
Gardasee
Golf von Neapel
Ischia
Italien
Italienische Adria
Italien Nord
Italien Süd
Kalabrien
Ligurien/Cinque Terre
Mailand/Lombardei
Malta/Gozo
Oberital. Seen
Piemont/Turin
Rom
Sardinien
Sizilien/Liparische Inseln
Südtirol
Toskana
Umbrien
Venedig
Venetien/Friaul

SPANIEN | PORTUGAL
Algarve
Andalusien
Barcelona
Baskenland/Bilbao
Costa Blanca
Costa Brava
Costa del Sol/Granada
Fuerteventura
Gran Canaria
Ibiza/Formentera
Jakobsweg/Spanien
La Gomera/El Hierro
Lanzarote
La Palma
Lissabon
Madeira
Madrid
Mallorca
Menorca
Portugal
Spanien
Teneriffa

NORDEUROPA
Bornholm
Dänemark
Finnland
Island
Kopenhagen
Norwegen
Schweden
Südschweden/Stockholm

WESTEUROPA | BENELUX
Amsterdam
Brüssel
Dublin
England
Flandern
Irland
Kanalinseln
London
Luxemburg
Niederlande
Niederländische Küste
Schottland
Südengland

OSTEUROPA
Baltikum
Budapest
Estland
Kaliningrader Gebiet
Lettland
Litauen/Kurische Nehrung
Masurische Seen
Moskau
Plattensee
Polen
Polnische Ostseeküste/Danzig
Prag
Riesengebirge
Russland
Slowakei
St. Petersburg
Tschechien
Ungarn
Warschau

SÜDOSTEUROPA
Bulgarien
Bulgarische Schwarzmeerküste
Kroatische Küste/Dalmatien
Kroatische Küste/Istrien/Kvarner
Montenegro
Rumänien
Slowenien

GRIECHENLAND | TÜRKEI | ZYPERN
Athen
Chalkidiki
Griechenland Festland
Griechische Inseln/Ägäis
Istanbul
Korfu
Kos
Kreta
Peloponnes
Rhodos
Samos
Santorin
Türkei
Türkische Südküste
Türkische Westküste
Zakinthos
Zypern

NORDAMERIKA
Alaska
Chicago und die Großen Seen
Florida
Hawaii
Kalifornien
Kanada
Kanada Ost
Kanada West
Las Vegas
Los Angeles
New York
San Francisco
USA
USA Neuengland/Long Island
USA Ost
USA Südstaaten/New Orleans
USA Südwest
USA West
Washington D.C.

MITTEL- UND SÜDAMERIKA
Argentinien
Brasilien
Chile
Costa Rica
Dominikanische Republik
Jamaika
Karibik/Große Antillen
Karibik/Kleine Antillen
Kuba
Mexiko
Peru/Bolivien
Venezuela
Yucatán

AFRIKA | VORDERER ORIENT
Ägypten
Djerba/Südtunesien
Dubai/Vereinigte Arabische Emirate
Israel
Jerusalem
Jordanien
Kapstadt/Wine Lands/Garden Route
Kenia
Marokko
Namibia
Qatar/Bahrain/Kuwait
Rotes Meer/Sinai
Südafrika
Tunesien

ASIEN
Bali/Lombok
Bangkok
China
Hongkong/Macau
Indien
Japan
Ko Samui/Ko Phangan
Malaysia
Nepal
Peking
Philippinen
Phuket
Rajasthan
Shanghai
Singapur
Sri Lanka
Thailand
Tokio
Vietnam

INDISCHER OZEAN | PAZIFIK
Australien
Malediven
Mauritius
Neuseeland
Seychellen
Südsee